OPINION

SUR

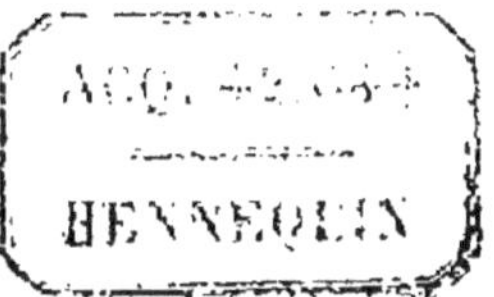

LA CONSTITUTION

CIVILE DU CLERGÉ,

Adressée aux fonctionnaires du ministère sacré, par la Société des Amis de la Constitution établie à Carcassonne.

> Je vous apprendrai à pratiquer enfin votre Evangile ; ce livre, selon vous, c'est la raison. Eh bien ! moi Nation, je suis la Loi, & la Loi punira ceux que la raison n'aura pu soumettre.
>
> *Cam. Desm. n° 34, p. 66.*

A CARCASSONNE,

De l'Imprimerie de R. HEIRISSON, Imprimeur du Roi. 1791.

On est quelquefois forcé de s'étendre sur a
choses claires , ou de les répéter ; parce qu
faut non-seulement les mettre sous les ye
de ceux qui ne les regardent pas : mais enc
les rendre sensibles & palpables à ceux qui
fectent de ne pas les voir. S. Aug. de la c
de Dieu , liv. 11, chap. 1.

OPINION

SUR

LA CONSTITUTION CIVILE DU CLERGÉ,

Adreſſée aux fonctionnaires du miniſtère ſacré, par la Societé des Amis de la Conſtitution établie à Carcaſſonne.

S'IL s'agiſſoit d'autoriſer par des faits & des loix ce que l'Aſſemblée Nationale vient de decreter à l'égard du Clergé de France, tous les ſiècles de l'ére chrétienne fourniroient des preuves convaincantes de l'approbative ſoumiſſion de l'égliſe aux ordonnances religieuſes des puiſſances temporelles. On verroit la plupart des Empereurs romains & des Rois de France, depuis Conſtantin, juſqu'à Louis XVI, convoquer des conciles tant généraux que particuliers, y aſſiſter, y préſider, en preſcrire le lieu, le tems, l'ordre, les matières, & prononcer même des décrets canoniques. On les verroit régler les cérémonies du culte, déterminer le nombre des miniſtres; ſtatuer la forme des ordinations, ouvrir des fêtes, ordonner des prières & des jeûnes, accorder, maintenir, accroître ſucceſſivement la juridiction contentieuſe des Evêques, ériger, ſupprimer des ſieges,

A

reſtreindre, étendre les diocèſes, déſigner les métropoles, nommer les Evêques, les faire conſacrer, les
juger, les exiler, les dépoſer, les rétablir, enfin diſpoſer à leur gré de tout ce qui tient à la diſcipline de
l'égliſe.

Tel eſt le réſultat ſuccint de l'influence conſtante des
Souverains ſur le corps de l'égliſe : un gros volume ne
ſuffiroit pas pour en marquer les détails ; on ſe contente
de les indiquer ; que ceux qui en doutent, prennent
la peine de fouiller dans l'hiſtoire de tous les peuples
chrétiens, & ils feront convaincus que preſque tous
les potentats ont fidellement imité la conduite de Conſtantin, qui le premier introduiſit la juriſdiction eccléſiaſtique, dépoſa deux Evêques Africains, fit ſolemniſer
par des fêtes la conſtance de pluſieurs Martyrs, &
conſacra le jour du Dimanche à la prière & au repos
(1) : de Valens, qui, ayant diviſé en deux la métropole
de la Cappadoce, établit un métropolitain à Tianes,
& fit ſortir une infinité de Moines de leurs cloîtres,
pour les rendre aux beſoins de la patrie (2) : d'Hono-
rius, qui, à la demande d'un concile de Carthage,
diſciplina les Clercs, & fit une loi pour régler la forme
de l'élection des Papes (3) : de Théodoſe II, qui preſ-
crivit le cérémonial des ordinations épiſcopales, publia
un code de loix eccléſiaſtiques, & ſoumit toutes les égliſes

---

(1) *Euſeb. de Vitâ Conſtant. 2 diſſ. pr. part.*

(2) *de Concord. lib. 2.*

(3) *Concil. Carth. 3 diſſ. 5.*

(3)

de l'Illyrie à l'Evêque de Conftantinople (1) : de Mar-
cien , qui ayant convoqué le concile univerfel de Calcedoine , y prononça la dépofition du Diofcore & le
rétabliffement de la métropole de Tyr (2) : de Majo-
rien , qui changea la difcipline définie par deux conciles ,
en ordonnant que les Religieufes ne pourroient prendre
le voile qu'à l'âge de 40 ans (3) : & de Juftinien qui
fixa le nombre des Pafteurs & des fiéges , donna des
loix fur l'établiffement de la foi , fur les mœurs , les
biens, les privilèges & la jurifdiction du Clergé , fur la
forme des ordinations des Evêques & des Prêtres ,
enfin fur la véture , la profeffion & la régularité des
Moines : enjoignant à tous les Pafteurs de fon empire
l'obfervation de ces loix fous peine de dépofition &
de dégradation (4).

Tous ces actes authentiques & formellement approuvés
par l'églife font , par cette feule approbation , une preuve
inconteftable du droit qu'ont les Souverains fur tout
ce qui n'affecte point la foi. Loin d'être blâmés de ces
procédés , plufieurs de ces Empereurs en furent loués.
par les Papes & les conciles. Toujours Orthodoxes ,
ils furent regardés comme les oracles & les plus fermes
appuis de la Religion. Auffi , nos Rois les plus pieux ,
tels que Clovis, St. Louis, Louis XII les prirent-ils
pour modèles ; & jamais , quand ils les imitèrent , il
n'intervint de réclamation canonique. Delà vient que

---

(1) *Cod. Theod. lib. 6 , 16 45.*
(2) *Evag. lib. 2, cap. 2, 4.*
(3) *Novell. 8 de Santim.*
(4) *Evag. lib. 4. Novel. 3 & feq.*

A 2

toutes les Dynasties de la Monarchie Française ont convoqué tant de conciles , & ont toujours nommé aux prélatures , si ce n'est quand les cathédrales usurpè-rent dans un temps de barbarie ce droit, qui fut bientôt après restitué par le concordan : delà tant de loix dis-ciplinaires , tant de dépositions d'Evêques , tant d'é-rections , de réunions , de suppressions de siéges , con-signées dans l'histoire de France.

Mais comme sans recourir à ces preuves si solides , nous avons d'autres moyens de découvrir en quoi la puissance de l'église doit céder aux puissances natio-nales , nous consentons à regarder comme non avenus tous les faits & les réglemens des Princes, sanctionnés par l'église ; ils suffiroient sans doute pour déterminer les bornes respectives des deux puissances : néanmoins nous les rejettons tous légitimes qu'ils sont; & par là nous serons autorisés à n'avoir aucun égard aux cons-titutions ecclésiastiques qu'on leur oppose. Ce n'est pas par crainte d'échouer que nous évitons de mettre en conflict ces deux autorités ; leur comparaison ne pour-roit que nous être avantageuse , en ce que des bulles pontificales approuvées par des Rois ignares , superst-titieux & fainéans , n'auroient jamais la force de tant de sages édits acceptés par l'église entière. Notre seule raison de ne pas chercher la vérité dans les codes, est qu'il seroit presqu'impossible de l'établir sans réplique , par ce seul moyen. En effet , seroit-il prudent de s'en rap-porter aux actes des deux puissances, dont chacune vou-lant toujours dominer sur l'autre , n'a quelquefois écouté que son propre avantage , sans égard aux bornes qui devoient la contenir.

(5)

Pour décider d'un droit divin de l'église & d'un droit naturel des nations, ne feroit-il pas abfurde de citer des droits pofitifs établis par les Papes & les Rois (1) ? Laiffons donc tout ce qui a été fait & ordonné dans les états politiques & dans l'église, & ne confultons que l'évangile & la raifon. Si les premiers Evêques & Conftantin euffent recherché leurs droits refpectifs, ils n'auroient allegué ni bulles, ni loix difciplinaires, puifqu'il n'en exiftoit point encore. Cette méthode ne peut donc être infuffifante, & le Clergé ne peut en réclamer, quand de fon aveu les conftitutions eccléfiaftiques n'ont force de loi qu'autant que les Rois y confentent. D'ailleurs, il en eft qui établiffent des prétentions fi exhorbitantes, qu'il eft prefqu'impoffible qu'elles ne foient devant Dieu l'infâmie de fon église. De plus on ne peut raifonnablement oppofer à une nation qui fe conftitue entièrement, des bulles, des clémentines, des décrétales, des extravagantes.

Il s'eft gliffé tant d'abus dans l'église, qu'à la juger feulement fur certains ufages fubftitués ou mêlés à fes faintes loix, on la prendroit plutôt pour la fecte de Bélial. Quel eft l'homme prudent qui, l'examinant dans fon état actuel, puis la comparant à fon état primitif, pourroit fe perfuader que les Evêques ont confervé le facré dépôt fi recommandé à Timothée. Leurs œuvres ne dépofent-elles pas hautement contre l'apparente pu-

____

(1) *Videte ne quis vos decipiat... per inanam fallaciam , fecundùm traditionem hominum.* Paul. ad Col. cap. 2 V. 6.

reté de leur croyance ? Cependant, felon l'Abbé Fleury & d'après le fens commun, l'Evêque eft un homme que Dieu a établi pour fanctifier les autres (1).

Comment croire qu'ils font les dignes miniftres d'un Dieu de paix & de charité, quand affectant un langage auffi pieux qu'infolite, ils fomentent par-tout les horreurs des guerres civiles & nationales, pour abimer la patrie dans un cahos de ruines arrofées du fang de leurs maîtres, de leurs frères, de leurs brebis ?

Comment croire qu'ils font les dignes Miniftres d'un Dieu pauvre, qui, leur ordonnant l'abnégation abfolue de tous les biens de ce monde, leur dit : vous ferez défintéreffés pour tout, excepté pour le falut des ames ; vous ne pofféderez ni de l'or, ni de l'argent ; vous vous contenterez d'une nourriture fimple & frugale ; vous n'aurez pas deux tuniques ; votre houlette fera un bâton de voyage & non une croffe d'or ; vous ne porterez point de beface..... (2).

Si nous avons tant de reproches à leur faire, du moins ne pouvons-nous les accufer de recourir à la beface ; mais en font-ils moins coupables ? En accu-

---

(1) Pro eis ego fanctifico me ipfum..... *Joan. cap.* 17.

(2) Nolite thefaurizare vobis thefauros in terrâ..... *Math. Cap.* 5.

Nolite poffidere neque aurum, neque argentum..... non peram in viâ, neque duas tunicas..... *Math. cap.* 10.

Et præcepit eis ne quid tollerent in viâ, nifi virgam tantum, non peram, non panem, neque in zonâ æs..... *Marc. cap.* 6.

mulant tant de richeſſes , n'ont-ils pas réduit la plupart des Français à la dure néceſſité de la porter ? Et leurs acquiſitions indécentes ne prouvent-elles pas que s'ils ſont devenus fidèles à ce précepte, ce n'a été qu'à force de le violer ? Maintenant qu'ils n'ont plus beſoin de ce ſordide manége incompatible avec leur ſuperbe grandeur , ils s'eſtiment faſtueuſement vertueux de n'être plus des mendians excrocs, & ils jugent qu'il eſt enfin tems de dire avec l'Apôtre : » Ayant la nour-» riture , & de quoi nous couvrir, ſoyons-en contens (1) ». Cependant , ſelon St. Bernard, tout ce qu'on retient de l'autel , au-delà du ſimple néceſſaire, eſt un vol, un ſacrilége (2).

Comment croire encore qu'ils ſont les dignes Miniſtres d'un Dieu ſaint qui leur enjoignit expreſſément d'être pieux, charitables, modeſtes, humbles, ſoumis, patiens, chaſtes & vigilans (3)? Ces devoirs ſi formel-

---

(1) Habentes autem alimenta , & quibus tegamur , his contenti ſimus..... *Paul. 1 ad Timoth. cap. 6.*

(2) Quidquid præter neceſſarium victum de altari retines, tuum non eſt, rapina eſt , ſacrilegium eſt..... *S. Bern. Epiſt. ad Foulq.*

(3) Oportet ergo Epiſcopum irreprehenſibilem eſſe.... Sobrium , prudentem , ornatum , pudicum , hoſpitalem , doctorem, non vinolentum , non percuſſorem ; ſed modeſtum , non litigioſum , non cupidum....: *Paul. 1 ad Timoth. cap. 3.*

Sed manſuetum eſſe ad omnes , docibilem, patientem , cum modeſtia corripientem eos qui reſiſtunt veritati..... *Paul. 2 ad Timoth. 2.*

Benignum , ſobrium, juſtum , ſanctum, continentem.... *Paul. ad Tit. cap. 1.*

lement exprimés dans les Livres faints, ne font-ils pas pour nous un ordre divin de leur enlever ces richeffes qui les ont rendus fi méprifables, & qui font fi inconciliables avec leur miniftère, qu'il eft impoffible de fervir dignement l'être fuprême, tant qu'on tient encote aux biens de ce monde (1) ? Nous avons donc le droit divin de leur dire : Laiffez ces tréfors qui dénaturent votre miniftère, fi vous voulez qu'on vous regarde comme les Miniftres de J. C.; defcendez de ce trône augufte que vous avez tant profané, ou méritez qu'on vous y laiffe, en faifant éclater la fcience & les vertus qu'il exige. Sitôt que vous nous faites douter de votre foi par votre inconduite, nous devons craindre de nous égarer fur vos traces, & dès-lors nous ne fommes plus obligés de vous fuivre, parce qu'il nous a été dit que nous connoîtrions les envoyés de Dieu par leurs œuvres (2); que quand le fel de la terre, c'eft-à-dire les miniftres, feroit affadi, il ne feroit bon qu'à être jetté & foulé par les hommes (3), & que tout arbre

------

(1) Non poteftis fervire Deo & Mammonæ...... *Matth.* 6

(2) Attendite à falfis Prophetis qui veniunt **ad vos** in veftimentum ovium, intrinfecus autem funt lupi rapaces. A fructibus eorum cognofcetis eos. Numquid colligunt de fpinis uvas ? *Matth. cap.* 7.

(3) Vos eftis fal terræ ; quod fi fal evanuerit, ad nihilum valet ultrà, nifi ut mittatur foras, & conculcetur ab homínibus. *Matth. cap.* 5.

qui ne porteroit pas de bon fruit, devoit être coupé & jetté au feu (1).

Comment croire enfin qu'ils font propres aux fonctions de l'Apoſtolat, quand ils regardent comme facriléges les Décrets qui leur ordonnent d'imiter les Apôtres ? Ah ! n'en foyons pas furpris ; St. Paul nous avoit prédit qu'un jour nous ferions livrés à des Paſteurs vains, ingrats, rebelles, ambitieux, infenfibles, durs, incontinens, traîtres, parjures, perturbateurs, ayant enfin tous les vices fous les trompeufes apparences de la vertu (2). Les Prélats des premiers fiécles étoient fi délicats fur la pureté des mœurs, qu'ils s'impoſoient l'obligation d'être nuit & jour furveillés par des *Syncelles*, c'eſt-à-dire par des eccléfiaſtiques d'une vertu reconnue : aujourd'hui que ce faint ufage n'eſt plus, ce feroit beaucoup qu'il n'en exiſtât point de contraires. A quelle maudite efpèce de Syncelles n'étiez-vous pas livrés, Prélats de nos jours ? Environnés de Vizirs ignares, intrigans, avares, fanatiques & voluptueux, vos défordres ne font

---

(1) Omnis arbor quæ non facit fructum bonum, excidetur & in ignem mittetur. *Matth. cap.* 7.

(2) In noviſſimis diebus inſtabunt tempora periculofa : erunt homines feipfos amantes, cupidi, elati, fuperbi, blafphemi, parentibus non obedientes, ingrati, fcelefti, fine affectione, fine pace, criminatores, incontinentes, immittes, fine benignitate, proditores, protervi, tumidi, & voluptatum amatores magis quam Dei, habentes fpeciem quidem pietatis, virtutem autem ejus abnegantes. Et hos devita. *Paul. 2 ad Timoth. cap.* 3.

que les leurs, & vous êtes sans doute plus malheureux que coupables.

Puisqu'il est si vrai que l'église est polluée par l'ambition & les mœurs de ses Ministres, nous ne devons pas juger de ses droits par les usages qu'on autorise de son nom sacré. Plusieurs de ces usages sont absurdes, & n'y en eut-il qu'un seul, il suffiroit pour nous en faire rejetter l'énorme recueil.

Pour savoir quelle est la puissance de l'église, & ce que doivent être, ce que peuvent exiger les Pasteurs, il faut donc remonter à l'établissement de la religion, & consulter les livres saints où J. C. a consigné les pouvoirs & les obligations de ses Disciples. C'est dans cette source aussi pure qu'inaltérable, que nous allons puiser les principes invariables qui fixent l'étendue & l'influence réciproque de la puissance temporelle ou droit des nations, & de la puissance spirituelle ou droit de l'église.

L'Evangile étant le réglement divin de tout ce que nous devons croire & faire pour le salut de nos ames, doit seul nous diriger dans cette recherche. Proposons-nous d'observer fidellement tout ce qu'il ordonne ; mais aussi de n'admettre que ce qu'il nous prescrit. Nous devons le consulter avec d'autant plus de confiance, que les Evêques ne le citent jamais, quand ils nous parlent de leurs droits ; mais alors ils se retranchent adroitement sur des bulles & des concordats : ils n'ont recours à la parole de Dieu, que pour nous rappeller nos devoirs ; mais alors ils ont soin d'éluder les leurs. Ouvrons donc encore l'Evangile & ne lui donnons d'autre fupplément que la raifon (1).

J. C. établit fon églife ; c'eft-à-dire, une doctrine, un Miniftère & des facremens pour le falut des hommes. L'églife eft donc une inftitution furnaturelle, deftinée à diriger nos affections naturelles ; & par conféquent, elle doit être confidérée fous deux rapports ; comme corps myftique, pour tout ce qu'elle a de divin, & comme corps politique, pour tout ce qu'elle a d'humain. Comme corps myftique, elle eft inaltérable & par-tout la même : elle a le dépôt & l'adminiftration de la foi dont J. C. fon chef invifible peut feul difpofer, & dont le Pape fon chef vifible n'eft que le fymbole ou le point de ralliement ; non par fa perfonne, puifque nous croyons qu'il peut errer ; mais feulement par la Chaire de St. Pierre, c'eft-à-dire par la croyance des Apôtres : ainfi elle a effentiellement l'unité de foi.

Comme corps politique, elle eft variable & partout différente ; parce que n'étant qu'une collection d'autres corps qui font les peuples, dont chacun a fon chef particulier, qui eft le prince temporel, elle n'a point fous ce rapport de chef univerfel ; enforte que chaque Souverain en difpofant à fon gré, l'unité de difcipline eft un accord prefqu'impoffible.

C'eft pourquoi l'Apôtre ne demandoit aux Ephéfiens que l'unité fpirituelle par le lien de la paix (2).

----

(1) Id veriùs, quod prius ; id prius, quod ab initio ; id ab initio, quod ab Apoftolis. *Tertul. lib. 4 contra Marcion.*

(2) Sollic iti fervare unitatem fpiritûs in vinculo pacis. *Paul. ad Eph. cap. 4.*

L'églife eft conduite par la doctrine qui eft d'inftitution divine, & par la difcipline qui eft d'inftitution
humaine. Delà tout ce qui a rapport à l'adminiftration
des ames eft ou fpirituel ou temporel ou mixte. Les
chofes fpirituelles font les objets de la doctrine, tels
que la foi, la grace, les préceptes & les confeils : les
chofes temporelles font les objets de la difcipline, tels
que les églifes, les biens eccléfiaftiques, les démarca-
tions des territoires : les chofes mixtes font celles qui
tiennent en même temps de la doctrine & de la difcipline, telles que le culte qui eft un mélange de chofes
divines & de cérémonies humaines, & les Miniftres
qui font en même tems Citoyens & Apôtres.

Dans les Miniftres fupérieurs, il faut diftinguer l'Epifcopat & l'Evêché : l'Epifcopat comprend l'ordination &
la miffion. Par l'ordination, un chrétien eft confacré
au faint Miniftère ; par la miffion, il eft autorifé à
l'exercer. L'ordination & la miffion font l'œuvre de
Dieu clairement rapportée dans l'Evangile : d'ailleurs
la raifon nous en démontre la néceffité pour l'établiffement, la propagation & le maintien de l'Eglife. Donc
ces deux inftitutions font de droit divin. L'Evêché
comprend le titre, le fiége, le territoire & les revenus.
Aucun de ces objets n'eft d'inftitution divine ; car il n'y
a de tel que ce qui fut néceffaire à l'Eglife, par la raifon
que Dieu n'établit jamais rien qui ne foit néceffaire :
or l'ordination & la miffion fuffifent aux Pafteurs pour
l'exécution des deffeins de leur Chef, fans qu'il foit
néceffaire que chacun d'eux foit attaché à une Eglife
par un titre particulier ; puifque l'Eglife s'établit, fe ré-
pandit dans tout l'univers, brilla du plus grand éclat ,

& se maintint long-temps dans sa splendeur par ces deux seuls moyens. Cependant les titres épiscopaux n'étoient pas encore en usage; les siéges fixes ne pouvoient convenir à des Prédicateurs ambulans; le Clergé n'étoit pas renté, & l'Eglise n'étoit pas divisée en Diocèses ni subdivisée en Paroisses; donc les titres, les siéges, les territoires & les revenus sont des objets purement humains. Il n'y a même dans le vrai qu'un seul Evêché dirigé par tous les Evêques en commun, c'est la totalité des Etats catholiques : il n'y a aussi qu'un seul siége, c'est la chaire de St. Pierre commune à tous les Apôtres, qui n'en eurent point d'autre. (1)

J. C. donna à ses Apôtres une puissance spirituelle, c'est-à-dire, le pouvoir & l'ordre de prêcher sa doctrine & d'administrer ses Sacremens. Ce pouvoir ne fut en eux que la faculté d'exercer un ministère de charité, de patience & d'humilité, & non un droit dans la force du terme; car il n'est point de droit auquel ne réponde une obligation relative & de même nature; or aucune loi innée ni inspirée ne nous impose le précepte divin de nous soumettre à l'administration de l'Eglise; & par conséquent les titres, les siéges, les territoires & les revenus n'établissent sur nous aucun droit divin.

Ce n'est qu'après avoir écouté les Pasteurs, que nous

____

(1) Deus unus, & Christus unus, & una Ecclesia, & Cathedra una. *S. Cypr. epist.* 40.

In qua una Cathedra, unitas ab omnibus servaretur, ne cæteri Apostoli singulas sibi quisque defenderent. *S. Opt. lib. 2. contra Parm.*

favons nos devoirs pour le falut ; donc avant leur pré-
dication, rien ne nous oblige à les écouter.

Quand ils ont expliqué leur doctrine, notre atten-
tion, notre foumiſſion, ne font pas même toujours des
devoirs, parce qu'elles dépendent du degré de perſua-
fion opérée par les preuves des Miſſionnaires.

Mais quand nous ſommes dans la ferme croyance
de la divinité de l'Eglife, alors ſeulement commence
pour nous un devoir facré de ne pas réfifter à l'impul-
fion de notre confcience, en faveur de l'Evangile ; &
nous ne pouvons plus, fans crime, rejeter le moindre
article de la Foi. Mais cette obligation ne s'étend pas
juſqu'à nous aſſujetir à tel Pafteur plutôt qu'à tel autre,
ni juſqu'à nous empêcher de reftreindre ou d'étendre
les Diocèfes & les Paroiffes. Car de ce que l'Evangile
devient pour nous un droit divin, il ne s'enfuit pas
que fes Miniſtres jouiſſent individuellement d'un Droit
divin fur les Fidèles (1) ; puiſque, felon St. Thomas,
la révélation ne porte aucune atteinte à la nature. Ce
droit que les Evêques exercent en commun, n'appartient qu'à l'Eglife en corps ; enforte qu'il n'éprouve
aucune altération par l'anéantiſſement de quelques Pafteurs. Il n'eft violé que par tranfgreſſion de l'Evangile.
Quand on eft fidèle à ce code, qu'importe qu'on écoute
Pierre ou Paul qui font également catholiques ? Les
Evêques font fans doute autoriſés à ſe dire divinement
inftitués, & à prétendre que perſonne ne peut leur en-

---

(1) Jus autem divinum quod eft ex gratia, non tollit
jus humanum quod eft ex naturali ratione. *D. Thom.* 2.
2. q. 10.

lever le caractère facré de l'Epifcopat; mais la puiffance qui en dérive ne s'étend ni directement ni indirectement fur les chofes temporelles : ils n'ont donc pas un droit divin, mais ils exercent folidairement celui de l'Eglife.

Pour nous en convaincre, nous allons prouver que les Apôtres furent établis Prédicateurs ambulans, & que leur puiffance étoit univerfelle & folidaire.

Les Apôtres furent établis Prédicateurs ambulans, puifqu'il leur fut ordonné de fe répandre fucceffivement dans tout l'univers, & d'inftruire, de baptifer, *chemin faifant*, toutes les nations (1). J. C. parcourut toutes les villes & tous les châteaux en prêchant l'Evangile; il en avoit reçu l'expreffe commiffion de fon Père : or dans la fuite, il envoya les Apôtres, de la même manière qu'il avoit été envoyé du Ciel (2). D'après cette miffion, St. Paul parcouroit tous les pays, & il difoit : nous fommes ambulans par la Foi & non par notre nature (3). Le Nouveau Teftament nous apprend que chacun des Apôtres laiffoit, dans les pays qu'il quittoit, des Mi- niftres qui non plus n'étoient point fixés, & qui pou-

---

(1) Euntes ergo, docete omnes gentes, baptifantes. *Matth.* 28.

(2) Et circuibat Jefus omnes civitates & caftella, docens in Synagogis eorum, & prædicans Evangelium regni. *Matth.* 9.

Sicut mifit me Pater & ego mitto vos. *Joan.* 20.

(3) Perambulabat Paulus .... præcipiens cuftodire præcepta Apoftolorum. *Act. cap.* 15.

Per Fidem enim ambulamus, & non per fpeciem. *Paul. 2. ad Cor.* 5.

voient exercer leur miniſtère ſans bornes territóriales, & conſacrer d'autres Evêques à leur place ou dans les pays voiſins (1). Les Paſteurs qui dans la ſuite allèrent prêcher J. C. aux nations les plus reculées, ſuivirent l'exemple de leurs prédéceſſeurs. Après avoir converti une nation, ils lui donnoient des Evêques, & ils s'empreſſoient d'aller prêcher ailleurs (2).

Une autre preuve ſenſible, c'eſt que ſi J. C. eût voulu que chacun des Apôtres fût pour long-temps attaché à un certain nombre de Fidèles, & borné dans ſon adminiſtration à une certaine étendue territoriale, il n'eût pas manqué de diviſer la terre habitée en parties diſtinctes, à chacune deſquelles il auroit aſſigné ſon miniſtre particulier & permanent. Les Apôtres auroient prêché, non ſucceſſivement, mais par-tout en même temps, chacun dans ſon territoire qu'il n'auroit jamais quitté; & par conſéquent, il ne ſe feroit pas contenté de n'en choiſir que douze, ce petit nombre ne pouvant ſuffire à la converſion ſimultanée de toutes les nations. Cependant on ne peut nier qu'il ne fût très-important de faire connoître au plutôt l'Evangile à tous les hommes. Malgré cette néceſſité preſſante, & la facilité d'y pourvoir, J. C. qui comme Dieu pouvoit multiplier à ſon gré le nombre de ſes Miniſtres, devoit bien vouloir qu'ils fuſſent ambulans, puiſqu'il en choiſit ſi peu pour

______

(1) Reliqui te Cretæ ut conſtituas Presbyteros per civitates. *Paul. ad Tit.* 1.

'(2) Hi poſtquam in remotis ac barbaris regionibus fundamenta Religionis jecerant, alioſque Paſtores conſtituerant, ad alias gentes properabant. *Euſeb. Hiſt. Ecc. lib.* 3.

l'univers

l'univers entier. Auſſi les Apôtres mandés chacun à toutes les nations, & prêchant d'une manière ambulatoire, ſe trouverent-ils ſouvent pluſieurs, exerçant leurs fonctions en même temps ou tour-à-tour dans les mêmes lieux.

Leur miſſion fut univerſelle, non dans le ſens que chacun d'eux pût gouverner en même temps tous les Fidèles de l'univers; mais ſeulement comme pouvant être ſucceſſivement exercée envers tous les peuples qui voudroient s'y ſoumettre. Enſorte qu'un Paſteur ne tenoit à certain troupeau, qu'autant qu'il croyoit moins utile à l'Egliſe d'aller donner ſes ſoins ailleurs. J. C. lui-même établit cette univerſité de miſſion, en diſant aux Apôtres : « inſtruiſez toutes les nations; allez dans tout l'univers » prêcher l'Evangile à toute créature, vous me rendrez » témoignage juſqu'aux extrémités de la terre : j'ai été » mandé au ſecours de tous les hommes, je vous envoye comme mon Père m'a envoyé » (1). Ce ſont ces paroles qui autoriſoient St. Paul à dire : « Je ſuis rede» vable aux Grecs & aux Barbares, aux ſavans & aux » ſimples : ainſi, je ſuis prêt à prêcher l'Evangile à vous » auſſi habitans de Rome. Le ſoin que j'ai *de toutes les* » *Egliſes* m'attire une foule d'affaires dont je ſuis aſ» ſiégé tous les jours : je ſuis Apôtre pour perſuader

____

(1) Docete, omnes gentes. *Matth.* 28.
Euntes in mundum univerſum, prædicate Evangelium omni creaturæ. *Marc. Cap.* 16.
Eritis mihi teſtes .... uſque ad extremum terræ. *Act.* 1.
Sicut miſit me Pater, & ego mitto vos. *Joan.* 20.

B

la Foi à toutes les nations (1) ; c'eſt pourquoi je prêche
» par-tout & dans toute Egliſe ». Il n'y avoit , dit Cuza,
qu'un ſeul Epiſcopat général dans l'Egliſe primitive (2).

L'oracle du Concile de Trente a fait obſerver que
chacun des Apôtres étoit, par J. C., Evêque de tout
l'univers. (3))

Les Apôtres s'adreſſant aux Evêques, leur dirent :
« vous à qui l'Epiſcopat univerſel eſt confié (4). Il eſt
donc inconteſtable que la miſſion apoſtolique eſt univerſelle dans le ſens expoſé.

Mais de ce qu'elle eſt univerſelle , il s'enſuit évidemment qu'elle eſt ſolidaire, conſéquente, très-juſte, mais
d'ailleurs démontrée par tant d'autorités. « Nous ne
» ſommes tous, diſoit St. Paul, qu'un ſeul corps en

---

(1) Græcis ac Barbaris, ſapientibus ac inſipientibus de-
bitor ſum, ita quod in me prumptum eſt, & vobis qui
Romæ eſtis evangeliſare. *Paul. ad Rom. 1. 9.*

Inſtantia mea quotidiana ſollicitudo omnium Eccleſiarum.
Paul. 2. ad Cor. 11.

Vocatus Apoſtolus ad obediendum Fidei in omnibus gen-
tibus. *Paul. Rom. 1.*

Ubique, in omni Eccleſiâ doceo. *Paul. 1. ad Cor. 4.*

(2) In principio Eccleſiæ fuit unus tantum Epiſcopatus
generalis. *Card. Cuzan. lib. 2. de concord. cath. cap. 13.*

(3) Unuſquiſque Apoſtolorum erat per Chriſtum Epiſcopus totius orbis. *Dom. Sot. lib. 4. ſent. p. 548.*

(4) Vos quibus Epiſcopatus univerſalis creditus eſt. *Conſt.
Apoſt. lib. 6. cap. 14.*

(19)

» J. C., étant réciproquement membres les uns des au-
» tres ».

St. Augustin nous apprend que « l'époux en s'en
» allant confia son épouse, également à tous les Apô-
» tres ses amis ».

St. Irenée rapporte que « St. Mathieu donna l'Evan-
» gile aux Hébreux, pendant que Pierre & Paul le prê-
» choient à Rome » (1). D'autre part St. Paul instruisit
aussi les Hébreux; donc les Apôtres exercerent solidairement leur mission.

St. Cyprien est encore plus formel. Selon lui, « il
n'y a qu'un Episcopat; il est indivis; & si chacun
» de nous n'est chargé que d'une partie du troupeau,
» ce n'est qu'en demeurant solidairement obligé pour
» tout le reste » (2).

On ne peut donc nier que l'Eglise n'ait été long-
temps dirigée par tous les Pasteurs en commun. Ce
concours ne produisit que de bons effets dans ces premiers temps où l'Eglise n'avoit encore que des Ministres dignes d'elle.

---

(1) Multi unum corpus sumus in Christo, singuli autem
alter alterius membra. *Paul. Rom.* 12.

Sponsam suam, omnibus ex æquo Apostolis suis amicis,
abiens commendavit. *D. Aug. contra Gaud. lib. 1.*

Matheus in Hebræis ipsorum lingua Scripturam edidit
Evangelii, cùm Petrus & Paulus Romæ evangelisarent. *S.
Iren. adv. Hæros. lib. 3.*

(2) Episcopatum quoque ipsum unum atque indivisum
probemus..... Episcopatus unus est, cujus à singulis in
solidum pars tenetur. *S. Cypr. de unit. Eccl.*

Mais quand les offrandes des peuples cefsèrent d'être en maffe commune & qu'elles furent devenues pour chaque Pafteur une fource des richeffes, les Difciples d'un Dieu pauvre, corrompus par l'ambition d'un intérêt fordide & fi contraire à leurs principes, fe difputèrent indécemment les troupeaux les plus généreux en oblations pieufes. Alors le bon ordre exigea que les pays chrétiens fuffent divifés en Diocèfes qui auroient chacun fon Pafteur, borné dans fon exercice par les limites d'un territoire. Par cette démarcation des Diocèfes, la puiffance fpirituelle fut reftreinte & bornée à certains pays; & cependant l'Eglife ne réclama point de cette reftriction de fon pouvoir univerfel; parce qu'elle favoit qu'il devoit en réfulter le bon ordre & la paix, & que l'exercice du miniftère facré eft fubordonné aux puiffances humaines. Comment pourroit-elle fe plaindre, aujourd'hui qu'on reftitue à certains Evêques la plénitude de leur miffion? Leur puiffance n'eft point lefée; au contraire, elle eft rétablie dans fa première univerfalité. Leur défigner un territoire, n'étoit-ce par leur défendre l'adminiftration de tous les autres? Les en priver, n'eft-ce pas les laiffer libres de régir tous les peuples qui voudront les admettre?

Pour empêcher que les Pafteurs ne fe difputaffent les troupeaux, la puiffance civile fut obligée d'affigner à chacun le fien. Telle fut l'origine des titres bénéficiaux.

Les titres ne font donc qu'une reftriction qui rend particulière la puiffance univerfelle des Evêques; ou bien, qu'une prohibition civile d'ufer de la miffion divine dans toute fon étendue. Chaque peuple devoit pouvoir s'affurer que fon Evêque lui étoit envoyé par l'Eglife; de là l'ufage des bulles qui défignent l'inftitution canonique. Cette inftitution étoit accordée par un Evêque quelconque, pourvu qu'il fût catholique. Après l'établiffement des Métropolitains, ces Prélats s'arrogèrent peu-à-peu le droit d'inftituer les fuffragans. Cette prérogative fut eufuite réfervée au Pape feul. Tous ces ufages font d'inftitution humaine, puifqu'ils furent inconnus à la primitive Eglife.

Les Offices de l'Eglife étoient d'abord amovibles; ils ne devinrent autant de bénéfices perpétuels qu'au **X** fiècle. Ainfi quand on allégue l'imprefcriptibilité d'un titre, & la perpétuité d'un titulaire, on n'oppofe que de fimples conventions des hommes. Dans ces derniers fiècles les prétentions des Bénéficiers font devenues bien plus extravagantes : car à force de ne voir exercer la puiffance fpirituelle qu'aux lieux défignés par les titres, ils fe font accoutumés à identifier la miffion avec le titre & la bulle, qui n'en font que la reftriction, la preuve, le mandat. Enforte qu'ils attribuent à ces fignes de leur inftitution civile & canonique, les propriétés de ce qu'ils repréfentent. C'eft pour cela qu'ils difent qu'on viole leur droit divin, quand on fupprime leurs titres.

Mais que peut avoir de commun le titre avec l'effence de la miffion; tandis qu'il n'a été établi, & qu'il ne fert que pour défigner les bornes d'un exercice que Dieu n'a pas limité ? Ne fait-on pas qu'il fut inufité pendant plufieurs fiècles? L'Homme-Dieu n'en fit point aux Apôtres; ceux-ci n'en firent point à leurs fuccef-feurs. Cependant de ce que les titres furent inutiles dans les premiers fiècles, il ne s'enfuit pas qu'ils le foient encore ; & de ce que la miſſion apoſtolique fut d'abord univerſelle, il ne s'enſuit pas que la puiſſance tempore-relle ne puiſſe en limiter l'exercice ; car J. C. dit aux Apôtres : quand on vous chaſſera d'une ville, allez dans une autre (1). Ce droit des nations eſt fondé ſur bien d'autres preuves qu'on verra dans la ſuite de cette diſſertation. Les Papes n'ont pas cette prérogative de faire des reſtrictions ſi défavorables à l'Egliſe ; car la puiſſance épiſcopale étant univerſelle de ſa nature, ne peut être reſtreinte que par un droit fondé ſur l'Evan-gile ; or aucun des Livres ſaints n'établit ce droit en fa-veur des Papes. D'ailleurs il leur eſt impoſſible d'avoir une juſte connoiſſance de tous les peuples & de tous les Prêtres ; donc ce n'eſt pas à eux de déſigner les territoires, ni de proportionner le mérite des Paſteurs au nombre & à l'importance des Fidèles. Auſſi ne s'en mêlent-ils point : c'eſt le Souverain qui donne les Evê-chés, & l'Evêque de Rome répond qu'il y conſent, & il fait expédier les bulles : ce qui n'eſt point aſſuré-ment mettre des bornes à l'inſtitution canonique.

Pourquoi donc nos Evêques dont le territoire vien d'être aggrandi, auroient-ils beſoin de demander au Pape une ampliation de pouvoirs ? N'ont-ils pas une puiſſance indéterminée de ſa nature, & bornée ſeule-ment par des intérêts humains ? « On conſacroit, dit » Thomaſſin, les nouveaux imitateurs des Apôtres » ſans leur déterminer des villes » (2). Depuis, aucun

---

(1) Cùm autem perſequentur vos in civitate iſta, fugitę in aliam. *Matth. cap.* 10.

(2) *Thomaſſ. part.* 1. *l.* 1. *chap* 14.

Evêque a-t-il jamais demandé une nouvelle inftitution, quand des alluvions ou des conquêtes ont
étendu des territoires ? St. Auguftin érigeant un
fiége à Fulaffe , n'envoya point à Rome (1). St.
Remi n'eut point recours au Pape en érigeant l'évêché de Laon : « il fuivit en cela , dit Hincmar, l'auto-
» rité du Concile d'Afrique (2) ». Quand au 3e fiècle ,
plufieurs Evêques fe répandirent dans les Gaules, l'Hif-
toire eccléfiaftique ne nous apprend pas qu'ils fuffent envoyés par l'Evêque de Rome dans certains territoires
déterminés ; mais on y lit qu'ils s'établirent à leur gré
& par l'autorité civile , St. Denis à Paris , St. Martial
à Limoges , St. Paul dans la Gaule Narbonnoife, &c. (3)
Avant le 13e fiècle , les Evêques fe difoient feulement
pourvus par la grace divine & non par l'autorité du St.
Siège (4). En Orient les Empereurs fe réfervèrent le
droit de déterminer le nombre & la qualité des fiéges,
fans le concours de l'autorité eccléfiaftique. Ce fut pour
confirmer cet ufage, qu'Alexis Comnene fit une conftitution par laquelle il attribua à l'Empereur feul les érec-
tions des métropoles & des nouveaux fiéges : Le Pa-
triarche Nicolas s'y oppofa ; néanmoins cette conftitution approuvée, reçue par le Concile de Conftantinople , devint une loi pour tout l'Empire ; & l'Eglife s'y
conforma (5). On doit encore faire obferver que les
Evêques orientaux fe maintinrent long-temps dans
l'ufage de n'être pas inftitués par le Pape.

(1) *D. Aug. Epift. 209.*
(2) *Hincm. op. 33. cap. 16.*
(3) *Hift. eccl. fiec. 3.*
(4) *Dict. can.*
(5) *Laub. Trait. des Erect. Jus græc. rom. lib. II. p. 13e*
Fleury hift. ecclef. l. 66.

(24)

Pourquoi les Curés qu'on vient d'élever à l'Episcopat ne pourroient-ils être canoniquement établis par des Evêques ? Le Pontife Romain peut-il désapprouver ce que les Apôtres & leurs successeurs ont autorisé par leur usage constant ?

Ne sait-il pas que cet usage n'a pu changer (1) ; que l'Eglise n'admet aucune nouveauté (2) ; qu'elle n'a de véritablement catholique que ce qui fut reconnu pour tel par tous les Fidèles, en tous lieux & dans tous les temps (3) ; que la discipline ecclésiastique n'est nullement fondée sur les divines écritures (4) ; & que St. Paul déclare anathême quiconque ajoutera la moindre chose à la doctrine prêchée par les Apôtres (5) ?

L'attribution de tel territoire à tel Evêque n'a pas constitué son droit divin ; puisqu'elle n'a souvent été faite que par les puissances temporelles, sans aucune intervention du Pape. Tel fut pendant long-temps l'usage dont se prévalurent les Evêques d'Orient qui, sans cesser

----

(1) Nihil novandum nisi quod traditum est. *Pont. Steph. epist. ad Af.*

(2) Novitas, falsitas.

(3) Curandum est ut teneamus quod ubique, quod semper, quod ab omnibus creditum est; hoc est enim verè proprièque catholicum. *Com. Vin. Lirin. cap.* 3.

(4) Harum & aliarum ejusmodi disciplinarum, si legem expostules scripturarum, nullam invenies. *Tertull. lib. de Coron. cap.* 4.

(5) Licet nos aut Angelus de Cœlo evangelizet vobis præterquam quod evangelizavimus vobis, anathema sit. *Paul. ad Gal.* 1.

d'être Orthodoxes, furent seulement limités par les Empereurs, après avoir exercé leurs fonctions sans aucune détermination de lieu de la part du Pape. Cet exemple prouve encore que quand un Prêtre a reçu l'ordre & la million de l'Epifcopat, il fuffit qu'une nation confente à l'admettre, pour qu'il puiffe exercer fon Miniftère, fans titre fpécial qui le borne aux limites d'un territoire. Il dirigera légitimement tous les fidèles qui viendront fe ranger fous fa houlette, parce que fa puiffance n'a plus d'autres bornes que l'oppofition des peuples. Mais dans un pays où, comme en France, toutes les contrées fe trouvent épifcopales, le bon ordre politique exige qu'aucun Prélat n'aggrandiffe fon Diocèfe au détriment d'un autre, qu'avec la permiffion du Souverain. Cette permiffion fuffit aux Pafteurs pour étendre leur adminiftration au-delà des bornes territoriales, fans préalable ampliation des pouvoirs fpirituels dont ils ont déjà reçu la plénitude.

Pour des raifons d'état, le Prince peut & doit même quelquefois faire fortir d'un diocèfe tous les Citoyens qui l'habitent : alors il enlève de plein droit à l'Evêque tout fon troupeau qui eft l'objet effentiel de fa miffion divine ; donc il peut à plus forte raifon le priver auffi du territoire qui n'en eft qu'une circonftance accidentelle.

Tous les Evêques avouent qu'ils peuvent, fans inftitution nouvelle, diriger dans leurs diocèfe tous les fidèles qu'il plait au Roi de leur envoyer : enforte que fi toute la Nation fe raffembloit dans le diocèfes de Paris, l'Archevêque de la Capitale fe trouveroit le légitime Pontife de tous les François ; donc la puiffance épifcopale n'eft évidemment bornée que par des obftacles matériels , qui font les limites territoriales. Ces limites font un objet purement temporel , qui peut être éloigné ou rapproché fans le confentement des Evêques & du Pape , fi par cet acte , le prince ne porte aucun préjudice à l'églife : or l'églife n'en reçoit aucune atteinte ; car adminiftrant feulement les hommes & non la terre , que lui importe , tant qu'ils font fuffifamment adminiftrés dans l'ordre fpirituel , qu'ils habitent une furface plus ou moins grande , & divifée en plus ou moins de compartimens ?

Tout Evêque prétend avoir droit d'exercer fa puiffance au-delà de fon diocèfe , quand la néceffité l'exige : mais quand la plupart des troupeaux reftent abandonnés , quand tant d'Evêques font fupprimés ou prennent la fuite ou refufent leurs fecours ; quand il faut fe foumettre à la volonté du Souverain , manifeftée par le prince ; quand il s'agit d'éviter des troubles capables d'anéantir l'état & d'affoiblir l'églife , la néceffité d'étendre la puiffance épifcopale au-delà des bornes diocéfaines , n'eft-elle pas des plus preffantes ? & dès-lors chaque Evêque ne doit-il pas la regarder non-feulement comme un droit , mais encore comme un devoir facré ? Sages Pafteurs qui nous reftez , vous ne pouvez donc en confcience nous refufer vos foins : vous devez en proportionner l'étendue aux befoins des peuples , fans vous allarmer d'être déclarés intrus par des Prélats infidelles , fi fufpects d'intrufion , dévots par impiété , fanatiques par égoïfme.

Le territoire feul a des limites , & non la miffion ; ainfi la puiffance temporelle ayant déterminé ou pour le moins autorifé les divifions de l'état en diocèfes , a fans doute le droit de dire à tel Prélat : defcendez de ce fiége, il me paroît fuperflu, je veux le fupprimer ; & à tel autre : recevez un plus grand nombre de fidèles, vos foins me paroiffent fuffifans à l'étendue d'un Département.

Et ce droit établit pour les Evêques une obligation de fe foumettre ; obligation, qui eft encore fondée fur le 17ᵉ canon du Concile général de Calcedoine, d'après lequel ; » Toutes les fois qu'il fe fera quelque diftribution nouvelle à l'égard des cités, par ordre de l'Empereur, la diftribution des églifes paroiffiales fuivra » les diftributions fociales & politiques (1) » ; Or, dans ce tems-là, on appelloit *paroiffe*, un diocèfe entier ; & un diocèfe étoit un grand département compofé de plufieurs provinces (2).

Par un des canons de l'églife grecque, » il eft permis à l'Empereur de fixer les bornes des provinces » eccléfiaftiques, de leur enlever leurs privilèges, d'accorder de nouveau à d'autres villes épifcopales le » titre & les honneurs de métropoles, d'en défigner

---

(1) Si qua verò civitas poteftati imperiali novata eft, aut fi protinùs innovetur, civiles difpofitiones & publicas ecclefiafticarum quoque parochiarum ordines fubfequantur. *Conc. Æcum à Calced. can.* 17.

Si verò quælibet civitas per auctoritatem imperialem renovata eft, aut fi renovabitur in pofterum, civilibus & publicis ordinationibus, etiam ecclefiarum parochianarum ordinationes conformentur. *Can. 17 Concil. Œcum Calced. an.* 451. *Vide notitiam Ecclef. Hiftoriar. Concil. & can. autore Cabaffutio. nº. 21 pag.* 221.

(2) *Thomaff. difcip. Eccl. tom.* 2.

(28)

» les Evêques, & de faire autres chofes de cette na-
» ture (1) ».

Ce fut d'après ces principes, dit le favant Dupin, que la diftribution civile des Gaules fervit de bafe à la conftitution de l'églife gallicanne, & que toute l'églife a été par-tout dans l'ufage de diftribuer fon adminiftration felon la forme des divifions politiques (2).

Voilà certes des preuves convaincantes, qu'on ne peut rejetter, fans tomber dans un pirrhonifme univerfel.

Néanmoins donnons-en d'autres. On fait que l'érection des évéchés ne peut fe faire qu'à la demande du peuple, & par la permiffion du Roi. Dans une bulle d'Innocent XII ces deux conditions font données pour effentielles (3). Ce droit du peuple & du Roi, ne réfulte que de l'intérêt qu'ils ont à furveiller tous les établiffemens politiques : or ils font fouvent plus interreffés à fupprimer qu'à ériger des fiéges ; donc de cela feul qu'ils jouiffent du droit d'érection, il s'enfuit qu'ils

---

(1) Licitum eft Imperatori de ecclefiafticarum provinciarum finibus definire, & aliquarum privilegia auferre, & epifcopales urbes iterum metropolium honore donare, & antiftites defignare, & alia ejufmodi facere. *Collection du P. Labbe. t. 2 p. 125.*

(2) Hæc eft Galliæ divifio, ad cujus formam olim ecclefia gallicana conftituta eft...... Tota ecclefia ad formam politici regiminis difpofita & diftributa eft. *De antiq. eccl. difc. pag.* 18, 19, 28.

(3) *Brunet, not. apoft. t. 2, liv. 5.*

ont auſſi la plénitude du droit de ſuppreſſion, à moins que les Evêques ne fâchent prouver que le nombre de 130 évéchés français eſt un article de foi.

Auſſi le Docteur Laubry compte-t-il parmi les moyens qu'on peut juſtement oppoſer à l'exiſtence d'un ſiége, l'intérêt qu'auroit un peuple à n'en être pas ſur-chargé (1).

Et qu'on ne diſe pas qu'un évêché ne dépend que de l'égliſe. Tout le monde ſait que le titulaire d'un bé-néfice quelconque, peut être dépoſé par la puiſſance temporelle, quand dans ſon inſtallation, il n'a pas ob-ſervé certaines formes civiles preſcrites par le prince : donc avant l'obſervation de ces formes, l'Evêque n'a pas ſur le territoire un droit divin qui le rende indeſ-tituable, ni par conſéquent après qu'il s'eſt conformé aux règles civiles : car ces règles ne peuvent diviniſer aucun droit, ni empêcher le Souverain de détruire ce qu'elles ont établi. Cette preuve n'eſt-elle pas encore ſans réplique ?

Quand les formes ſont obſervées, le prince doit à la vérité maintenir en poſſeſſion les titulaires qui s'acquittent de leur devoir : la parole des Rois eſt inviolable. Mais quand la nation entière abroge toutes les anciennes loix par une nouvelle conſtitution, peut-on oppoſer au lé-giſlateur les engagemens du prince ? Et toutes les inſti-tutions ne ſont-elles pas ſubordonnées à la volonté gé-nérale ?

La puiſſance de l'état eſt ſoumiſe à celle de

---

(1) *Trait. des éreƈt.*

l'églife dans tout ce qui eft de foi ; parce qu'il vaut mieux obéir à Dieu qu'aux hommes : mais la puiffance de l'églife eft à fon tour foumife à celle de l'état dans tout ce qui n'eft que de difcipline ; parce qu'il vaut mieux obéir au Roi qu'à un Evêque ou au Pape , tant qu'on n'expofe point le falut de fon ame. D'autant plus que les Papes ont ufurpé la difpofition des fiéges , qui n'eft pas un droit de leur fuprématie. On peut même avec raifon leur difputer le titre de Souverain Pontife , dé-nomination faftueufe qui contrafte directement avec leur humble qualité de *ferviteur des ferviteurs*. Si par le mot *fouverain* , ils n'entendent défigner que leur primatie , pourquoi ne fe difent-ils pas plutôt , avec autant de modeftie que de vérité , *premier pontife ?* Mais s'ils penfent qu'il fignifie *puiffance fouveraine* , qu'ils fâchent qu'il n'y a dans l'églife d'autre Souverain que J. C. , qui d'après fa promeffe ne doit jamais la quitter. Cette fouveraineté divine réfide dans le corps épifcopal qui , fur la volonté générale ou majeure , définit , interprète , & prononce les loix facrées ; recherche , examine , prof-crit les erreurs , & proclame enfuite fes irréfragables oracles par l'organe de fon premier Miniftre. C'eft le Pape qui comme premier entre fes égaux , adreffe à toutes les églifes les Décrets que lui dicte le corps paf-toral. Il eft donc le prince fpirituel : mais la qualité de prince n'eft-elle pas incompatible avec celle de Souve-rain , fi ce n'eft en Dieu feul qui ne peut abufer de la réunion des pouvoirs ?

Les pères , ni les conciles des fix premiers fiècles ne reconnoiffoient point cette jurifdiction que les Papes ne doivent qu'à leur ambition & à celle de leurs flatteurs.

Pendant les trois premiers fiècles , l'églife n'avoit d'autres loix que les faintes écritures. Or cette loi divine ne donne pas au Pape les prérogatives dont il fe prévaut envers toute l'églife. L'autorité donnée aux Apôtres par J. C., étoit toute fpirituelle ; auffi ne s'étendoit-elle que fur les ames ; pour tout le refte , les Chrétiens obéiffoient aux princes temporels , & fe conformoient exactement aux loix civiles (1). Ce ne fut que fous le règne de Conftantin , que l'églife acquit , par la munificence de cet Empereur , une jurifdiction qui s'étendoit même fur des objets temporels (2). Mais en même temps , il difpofoit de plufieurs chofes eccléfiaftiques , foit temporelles , foit mixtes , du confentement des Pafteurs. Au neuvième fiècle , la puiffance des Papes fut confidérablement augmentée par la complaifance des canoniftes , qui compilant des édits & des bulles , leur attribuerent le droit de déclarer les articles foi ; de convoquer les conciles & de les approuver ; d'ériger , de transférer des fiéges ; de divifer , d'unir des évêchés ; de dépofer , de juger fouverainement les Evêques. Enfin du temps de Grégoire V I I , le Pape fut non-feulement l'Evêque des Evêques ; mais encore le Roi des Rois ; puifqu'il donnoit ou ôtoit à fon gré les couronnes & les fujets (3).

---

(1) *Fleury inft. t. 1.*

(2) *L'an* 314.

(3) M. Fleury rapporte l'origine de la puiffance des Papes à l'introduction des fauffes décrétales , fource inépuifable de tant d'erreurs , de tant d'abus que plufieurs

Toute nation pouvant fe conftituer comme elle l'en-
tend pour fon plus grand bien, difpofe fouverainement
de la difcipline religieufe. A cet égard fon avantage établit fon droit. Or on ne peut défavouer que la doctrine & le culte de la religion n'influent directement
fur les mœurs des peuples & fur le fort des empires ;
donc il eft utile & même néceffaire au Souverain, de
difpofer fa religion de la manière la plus avantageufe
à l'état, & par conféquent, il en a le droit dans tout
ce qui n'eft pas contraire à la volonté déclarée de l'Etre
fuprême. C'eft donc à lui feul qu'il appartient de fixer
le nombre & les limites des diocèfes & des paroiffes,
d'ériger, d'unir, de divifer, de fupprimer des fiéges
épifcopaux & des cures ; enfin d'établir, de dépofer les
Pafteurs.

Quand le prince accorde une jouiffance ou confére
une adminiftration, c'eft toujours avec la condition tacite que ces grâces pourront être révendiquées, dès qu'elles
cefferont d'être dans l'ordre du bien commun : il n'a-
liéne point la propriété de l'état, mais feulement il l'uti-
life ; & la volonté générale peut toujours la reprendre,
& en difpofer différemment, même pour fon feul plaifir
du changement (1).

Conciles généraux n'ont pas eu le temps de profcrire,
mais qu'ils ont dénoncés aux conciles futurs. D'après ce deffein formel, c'eft une conftitution véritablement fainte que
celle qui prévenant l'Eglife, opère enfin cette réforme fi néceffaire & fi long-temps défirée.

(1) Rex non habet hominem qui fua facta dijudicet. *D.*
Thom. 1. 2. q. 96.

Le

Le droit des nations, comme celui de l'églife, eft divin dans fa fource ; l'un & l'autre émane de Dieu : ils ne différent que par leur objet particulier dont ils tirent leur nom fpécial. Celui des nations eft appelé naturel ou humain, comme ne regardant que les chofes temporelles ; & celui de l'églife eft appelé divin, parce qu'il ne comprend que des chofes fpirituelles ou facrées. Le premier nous vient de Dieu par la nature, & le fecond par la grâce ; l'un dirige nos corps pour cette vie, & l'autre nos ames pour la vie éternelle. Ces deux efpèces de droits font également obligatoires comme expreffion de la volonté divine ; car il n'eft point de puiffance qui ne vienne de Dieu, & tout homme eft obligé par un précepte divin de fe foumettre aux puiffances même temporelles, non feulement par crainte des châtimens, mais encore par devoir de confcience ; non parce qu'un prince eft bon ou Catholique, mais quel qu'il foit (1(.

L'exercice public ou le matériel d'une religion eft tellement fubordonné au Souverain, que perfonne ne peut fans fa permiffion bâtir des temples, convoquer des affemblées, ftatuer une difcipline, adminiftrer des fa-

---

(1) 1°. Omnis poteftas à Deo eft. *Paul. ad Rom.* 13. 1.

2°. Omnis anima poteftatibus fublimioribus fubdita fit. *ibid.*

3° Non folùm propter iram, fed etiam propter confcientiam. *ibid v.* 5.

4° Subditi eftote in omni timore Dominis, non tantum bonis & modeftis, fed etiam dyfcolis. *Petrus, Epift.* 1 c. 1.

C

cremens, exercer une puiſſance contentieuſe ou gra-
cieuſe, ni prêcher une doctrine, quelque ſainte qu'elle
puiſſe être. Tous ces objets ſont du reſſort direct de la
police ; or c'eſt au Souverain ſeul à régler la police.
Ceux donc qui, contre ſa défenſe, ou ſans ſon aveu,
s'obſtinent dans l'exercice de pareilles fonctions, peuvent
être punis comme rebelles, perturbateurs & criminels
de lèſe-nation, parce que la puiſſance temporelle pouvant diſpoſer des religions pour ſon plus grand bien de
cette vie, & la puiſſance ſpirituelle ne pouvant diſpoſer
des gouvernemens pour leur plus grand bien de la vie
éternelle, il s'enſuit qu'une conſtitution nationale doit
être décrétée ſans égard aux diſciplines religieuſes, &
que c'eſt enſuite à la religion de s'accommoder des loix
de l'état. Dans le cas qu'elle les trouve contraires à ſes
principes, il faut qu'elle céde, n'ayant aucun droit de
les annuller, ni de les modifier à ſon avantage.

Il faut pourtant obſerver, qu'un peuple chrétien ne
peut, ſans offenſer Dieu, ſe donner un gouvernement
contraire aux mœurs ou à la foi ; mais cette exception
confirme ſon droit ſur tous les autres objets religieux ;
c'eſt-à-dire, qu'en reſpectant ces deux points eſſentiels
il peut diſpoſer de tout le reſte. Comme ce droit eſt
inconteſtable, & qu'on ne peut ſans abſurdité ſup-
poſer des droits qui ſe contrarient ; il s'enſuit que la
conſtitution civile du Clergé de France n'eſt contraire
à aucune règle de la juſtice, & qu'ainſi la religion n'en
eſt point léſée.

Voici les règles qui doivent diriger la puiſſance temporelle dans l'adminiſtration de l'Egliſe.

Tout ce qui n'eſt pas de néceſſité au ſalut, doit

céder aux nécessités de l'état : car ce qui ne tend qu'à une plus grande perfection spirituelle , étant seulement de conseil & non d'exprès commandement de Dieu , doit être moins recommandable aux Chrétiens que les loix civiles dont l'observation est de précepte divin , & par là même indispensable pour le salut.

Mais Dieu veut aussi sans doute que sa doctrine soit prêchée à toute créature raisonnable : ainsi la puissance temporelle qui connoît la religion, ne peut sans crime faire des loix qui priveroient un seul citoyen des secours spirituels. Mais pourvu que la parole & les sacremens soient suffisamment administrés à tous , qu'importe que ce soit , par tel , à telle heure, en tel lieu, & qu'un Evêque soit chargé de cent paroisses de plus ou de moins ? Rien de tout cela n'étant ordonné par Dieu même , & les Souverains pouvant avoir un grand intérêt à déterminer le nombre des Pasteurs , les temps, les lieux & l'étendue de leurs fonctions ; on ne peut nier qu'ils n'en puissent disposer par droit exclusif; parce que si, dans l'ordre surnaturel , l'Eglise est au dessus de tous les états politiques , ces états à leur tour sont supérieurs à l'église dans l'ordre naturel: or l'ordre surnaturel ne concerne que la foi. Selon St. Paul , l'Evêque n'est établi que pour administrer les choses divines (1) , donc tout le reste est dans l'ordre naturel : ainsi la puissance temporelle peut en disposer à son gré par son droit de prééminence sur l'église dans l'ordre naturel. Voilà pourquoi l'Apôtre rappelant à Timothée tout ce

---

(1) Pontifex constituitur in iis quæ sunt ad Deum. *Paul. ad Hebr. c.* 5. 1.

qu'il devoit faire pour fon propre falut & pour celui des autres, fe contentoit de lui dire : Surveillez votre conduite & la doctrine (1).

Telle fut l'opinion de St. Auguftin, qui veut que la religion fe conforme aux loix de l'état, dans tout ce qui n'eft ni contre la foi, ni contre les mœurs. Ces deux feuls articles lui paroiffent effentiels, & il livre tout le refte au plus grand avantage de la fociété (2). Or on ne peut dire que la difpofition des diocèfes ni le nombre des Pafteurs foient de foi ni d'exprès commandement divin ; donc l'Affemblée Nationale a pu étendre les diocèfes & diminuer le nombre des Evêques. Ce n'eft pas, dit Tertullien, le nombre des Evêques, qui conftitue l'Eglife (3).

St. Thomas eft encore plus formel, s'il eft poffible : » La puiffance féculière, dit-il, n'eft foumife à la puif- » fance fpirituelle, qu'en ce que Dieu l'y a fubordon- » née ; favoir, pour les chofes qui concernent le falut » de l'ame....... ; mais pour les chofes qui tiennent au » bien civil, il vaut mieux obéir à la puiffance fécu- » lière, qu'à la fpirituelle ».

------

(1) Attende tibi & doctrinæ, infta in illis ; hoc enim faciens, & te ipfum falvum facies & eos qui te audiunt. *Paul. à Timoth.* 4. 2.

(2) Quod enim neque contra fidem catholicam, neque contra bonos mores effe convincitur, indifferenter eft habendum, & pro eorum inter quos vivitur focietate fervandum. *D. Aug. cap. illa diftinct.* 2.

(3) Dico ecclefiam non effe numerum Epifcoporum. *Tertull. lib. de pud. cap.* 21.

(1) Ainſi d'après St. Paul, St. Auguſtin, St. Thomas, & ſur-tout d'après la raiſon, le Souverain eſt l'arbitre & le juge compétent de tout ce qui tient à la diſcipline: car la diſcipline eſt l'art d'adminiſtrer, de diſpenſer la doctrine & généralement toutes les choſes eccléſiaſtiques; mais la manière d'adminiſtrer l'Egliſe n'eſt pas une interprétation de la doctrine : donc on ne peut raiſonnablement exiger que l'intérêt de l'état ſoit ſacrifié au maintien d'une ſimple modification du miniſtère évangélique.

Si les objets dirigés par le Souverain ſont purement temporels, les Miniſtres de Dieu n'ont rien à dire : ſi ces objets ſont mixtes, c'eſt-à-dire un mêlange d'intérêts temporels & d'intérêts ſpirituels, les Paſteurs doivent en défendre la diſpoſition, même au péril de leur vie, quand ils la trouvent contraire à la foi ou aux mœurs ; mais Dieu ne leur permet que les remontrances, les exhortations, les larmes & la priere, quand ſa loi n'eſt point violée. Selon Fleuri « l'Evêque eſt le ſeul » juge ordinaire & naturel de tout ce qui regarde la Reli- » gion : ceci doit, dit-il, s'entendre ſeulement de ce qui » touche la foï ; car le Souverain étant le protecteur de » l'Egliſe, peut faire des loix pour la manutention de » la Religion, & en confier l'exécution à ſes officiers:

---

(1) In tantum poteſtas ſæcularis eſt ſub ſpirituali, in quantum eſt ei à Deo ſuppoſita, ſcilicet in his quæ ad ſalutem animæ pertinent : in his autem quæ ad bonum civile pertinent eſt magis obediendum poteſtati ſæculari quàm ſpirituali. *D. Thom. in 2 ſent. diſtin.* 44.

» témoin nombre d'Ordonnances , Édits & Déclara-
» tions concernant la Religion & les mœurs. Le Roi
» fait auſſi quand bon lui ſemble des réglemens pour la
» police eccléſiaſtique, en tout ce qui a rapport à l'or-
» dre public , & qui peut intéreſſer le bien de l'Etat...
» Ces réglemens concernant la juriſdiction eccléſiaſti-
» que doivent prévaloir ſur ceux de l'Evêque en tout ce
» qui ne touche point à la foi ». (1)

Dieu n'a ſans doute ainſi borné le pouvoir de ſes
Miniſtres, que parce qu'il a prévu que s'ils pouvoient
ordonner la diſcipline , ils parviendroient un jour à dominer ſur toutes les Puiſſances, & qu'alors il auroit
inutilement enſeigné que ſon royaume n'eſt pas de ce
monde. Et que n'auroient pas entrepris d'ambitieux
Prélats, ſi Dieu l'eût permis ; puiſque malgré ſes défenſes
formelles, il leur eſt ſi ſouvent arrivé de tirer du droit
divin les plus fauſſes conféquences, pour s'ériger en maîtres de la terre. St. Thomas commentant le 18e. cha-
pitre de St. Jean , nous enſeigne que quand J. C. parla
de ſon Royaume, c'eſt comme s'il eût dit : « Juifs &
» Gentils , écoutez; je n'empêche point *votre domina-*
» *tion* ; venez, & croyez : c'eſt par la foi qu'on arrive
» à mon royaume qui n'eſt pas de ce monde ». (2)

Les hommes conſacrés à Dieu ne laiſſent pas d'être
ſujets à la puiſſance féculiere en tout ce qui n'affecte point
la foi : car ils ſont nés citoyens avant d'être à l'Egliſe.

---

(1) Inſt. au droit eccléſ. tom. 1. p. 143.

(2) Audite Judæi & gentes , non impedio *dominationem* veſ-
r a m ; venite credendo ad regnum quod non eſt de hoc
mundo. S. Thom. cat. aur. in c. 18. Joan.

D'ailleurs l'Eglife eft dans l'état dont elle n'eft qu'un acceffoire ; ainfi elle doit fe conformer aux loix civiles qui font le principal : « nonobftant , dit l'abbé Fleuri, les » priviléges qu'elle auroit pu obtenir. » (1) Les Rois dominent fur elle , mais elle ne domine pas fur les Rois, difoit J. C. (2) Auffi St. Pierre écrivoit-il à fes coopérateurs : « Conduifez votre troupeau non en *dominant* fur votre partage , mais en vous rendant fon » exemple *du fond du cœur* ».

(3) Le gouvernement de l'Eglife n'eft qu'une adminiftration de charité ; la raifon feule s'y montre : l'autorité du chef n'y paroît point ; car il domine dit St. Gregoire fur les vices & non fur les perfonnes. (4).

D'après ces principes chaque Pafteur eft tenu de refpecter & de faire obferver de tout fon pouvoir les loix civiles. De là le ferment de fidélité par lequel ils s'engagent envers le Roi à procurer le bien de l'état , à ne jamais fe trouver en aucun confeil, deffein , ni entreprife préjudiciable à la Nation ; & que s'ils en ont connoiffance , ils le feront favoir à Sa Majefté. (5)

-----

(1) Inft. t. 1.

(2) Reges gentium dominantur eorum ; .... vos autem non fic. — Luc. cap. 22. v. 24.

(3) Pafcite qui in vobis eft gregem Dei , providentes non coacte , fed fpontanee propter Deum : neque turpis lucri gratia , fud voluntarie neque ut dominantes in Cleris , fed forma facti gregis ex animo. —— Petr. 1. cap. 5.

(4) S. Greg. Paftoral. part. 2. c. 6.

(5) Voyez la formule de ce ferment, au tom. 6. du Dictionnaire canonique , par Durand de Maillane.

Sur cette promeffe faite au Roi par le nom facré de l'Être fuprême, qu'on juge combien font fidèles & délicats fur l'honneur, ces Evêques que nous voyons fe coalifer en confpirateurs, calomnier le Souverain, ré-pandre des libelles diffamatoires, prêcher la rebellion par des mandemens incendiaires, & comploter des con-tre-révolutions fanglantes.

« Ce ferment, dit Fleuri, tire fon origine de celui
» que nos Rois ont *droit d'exiger de tous leurs fujets.*
» On l'exigeoit autrefois au commencement de chaque
» règne : mais la confiance que nos Rois ont en leurs
» peuples, fait qu'ils n'ont confervé cet ufage qu'à l'égard
» des nouveaux Evêques, à caufe qu'ils acquierent une
» jurifdiction fpirituelle, dont il feroit à craindre qu'ils
» n'abufaffent, pour fe fouftraire à l'obéiffance qu'ils
» doivent au Roi ». (1)

Le fecond canon du dixieme concile de Tolède nous apprend que les Evêques, les Clercs & les Moines prêtoient le ferment de fidélité au Roi ; & s'ils le vio-loient, ils étoient dépofés fans pouvoir jamais être rétablis que par le Roi même (2).

---

(1) Inft. au droit ecclef. tom. 1. p. 127.

(2) Ut fi quis Religioforum, ab Epifcopo ad extremi ufque ordinis clericum five monachum, generalia juramenta in fa-lutem regiam gentifque aut patriæ data reperiatur violaffe, volontate profana, non propria dignitate privatus & loco & honore habeatur exclufus, & miferationis obtentu folum modo refervato, ut an locum, an honorem, an utraque poffideat, concedendi jus licentiamque principalis poteftas poffideat. — Concil. Toled. decim. Can. 2.

Selon Saint Thomas, un ferment fait avec liberté &
qui regarde une chofe licite, tel que le ferment de fidélité à fon Prince, eft un devoir indifpenfable, *eft
indifpenfabile*. D. Thom. 2. 2. q. 87.

Indépendamment de ces autorités fi refpectables, la
raifon feule ne dicte-t-elle pas que le Souverain a droit
de dire à tout citoyen : « vous exigez qu'on vous ga-
» rantiffe les avantages fociaux ; eh bien, fupportez les
» charges de l'Etat, & refpectez-en les Loix, ou allez-
» vous-en vivre fous un autre Gouvernement : vous
» voulez être fonctionnaire public, promettez-moi donc
» de remplir votre emploi fidèlement & fans préjudice,
» ou rentrez dans la claffe des fimples citoyens ».

Ces vérités font inconteftables ; & néanmoins les Evêques fupprimés ofent dire qu'il leur plaît de réfifter aux
Loix nationales, en continuant d'adminiftrer leurs ci-
devant Diocèfes, jufqu'à ce qu'ils en faffent une démiffion volontaire, ou que le Pape leur ait ordonné
de fe retirer : fyftême d'autant plus abfurde, qu'il s'en-
fuivroit que les difpofitions du Prince feroient des loix
pour le Souverain ; que la forme civile donnée dans un
fiècle, ne pourroit être changée dans un autre ; que
nous aurions le droit de forger des chaînes pour la pof-
térité ; que ces chaînes lui feroient à jamais facrées ; qu'on
ne pourroit fe défaire d'un Prélat incapable ou vicieux,
tant qu'il refuferoit de fe démettre de fon titre, ou qu'il
plairoit au Pape de le maintenir ; que dans la fuppofition qu'un de nos Rois imbéciles ou fuperftitieux eût
pris plaifir à ériger un Siège épifcopal dans chaque ville
du Royaume, nous ne pourrions nous dégager de ce
fardeau, qui de l'aveu même des Prélats les plus obfti-

(42)

nés, seroit inutile au salut des ames, & par-là même nuisible à l'Etat; enfin que le Pape seroit un Monarque universel disposant du gouvernement temporel de tous les peuples; droit qu'il n'eut jamais, ni par la nature de son ministère, ni par concession des sociétés civiles. Si dans des siècles d'ignorance, les Papes se sont avisés de détrôner les Rois, de disposer des couronnes, d'annuller les loix les plus sacrées; ces exemples d'usurpation justifient notre défiance à l'égard de leurs prétentions, & démontrent combien nous étions fondés à ne consulter que l'Evangile & la raison pour discerner les véritables droits de l'Eglise; au lieu de nous en tenir à des décrets canoniques qui n'ont souvent d'autre base que la superstition des Rois, l'ignorance des peuples, & l'adroite politique, l'insatiable ambition des indignes suppôts de l'Eglise.

Maintenant que les lumières du génie ont porté le jour sur ces fourberies ténébreuses, nous ne serons plus dupés par ces imposteurs qui, n'écoutant que leur intérêt particulier, savent si bien colorer du prétexte de la Religion, leur attachement aux richesses. C'est en vain que, pour nous accuser de violer le droit divin, ils affectent de confondre leur jurisdiction avec le titre qui la borne; nous savons à quoi nous en tenir sur leurs folles prétentions & sur nos droits : nous savons que si l'Episcopat est de droit divin, du moins l'Evêché n'est qu'une institution humaine & révocable : & quand même elle ne seroit pas révocable, les Evêques qu'on en prive ne sont-ils pas quelquefois obligés en conscience de l'abandonner, comme par exemple dans les circonstances où se trouve actuellement la France.

Ils n'ont de droit divin que ce qui fut accordé aux Apôtres; or les Apôtres ne reçurent pas de J. C. le droit de gouverner spirituellement tel peuple qui les rejettoit. La puissance spirituelle, dit le savant Gerson, ne doit être exercée qu'envers ceux qui s'y soumettent volontairement.

Il y a plus, J. C. donna à ses Ministres l'exemple de la plus grande soumission aux puissances même les plus tyranniques. Il leur dit que résister aux Souverains, c'étoit s'élever contre Dieu même; il leur recommanda de quitter au plutôt, en sécouant la poussière de leurs pieds, les peuples qui refuseroient de les supporter (1): il respecta l'abusive & cruelle autorité d'Hérode, de Tibere & de Pilate; il n'établit, il ne maintint sa doctrine que par la plus douce persuasion, les miracles & l'exemple de toutes les vertus : quand on voulut le faire mourir, il n'opposa point à ses Juges qu'il eût droit de prêcher à qui refusoit de l'entendre; mais il se soumit sans se plaindre à la rigueur des loix. On le maudissoit, dit St. Pierre, & il ne maudissoit personne : il souffroit, mais il ne faisoit point de menaces, & il se livroit avec résignation même aux Juges dont il prévoyoit l'injustice, pour nous apprendre comment nous devons nous conduire envers nos persécuteurs (2). Fi-

---

(1) Et quicumque non receperint vos, nec audierint vos; exeuntes inde, excutite pulverem de pedibus vestris. *Marc. cap. 6. v. 11.*

(2) Qui cùm malediceretur, non maledicebat; cùm pateretur, non comminabatur : tradebat autem judicante injustè. *1a. Petr. cap. 2. v. 23.*

Vobis relinquens exemplum ut sequamini vestigia ejus. *Ibid. v. 21.*

dèles à ces préceptes, les Apôtres n'exercèrent jamais qu'un ministère de douceur, de patience & de charité, tendant seulement à régler, sans violence, les affections intérieures (1) ; & souvent ils s'écrièrent dans les plus terribles persécutions : « on nous maltraite, & nous » souffrons sans murmure ; on nous accable d'outra- » ges, & nous bénissons ceux qui nous maudissent ; » on nous chasse, & nous partons sans résistance » (2).

De saints Evêques les imitèrent, au point qu'ils mi- rent au nombre de leurs premiers devoirs de mourir pour le maintien de la Foi, mais aussi de quitter au plutôt les peuples qui cesseroient de les vouloir pour chefs; ils firent même de cette maxime pratique un canon (3) pour régler à cet égard la conduite de leurs successeurs; parce qu'ils savoient que de toutes les sources d'où dé- coule l'hérésie, la plus féconde, c'est la contrainte des opinions. C'est, dit St Athanase par les conseils & la persuasion & non par la force des armes qu'il faut pré- cher la verité (4).

Voici ce que dit St. Chrysostome. « Les corps sont » confiés au Roi, & les ames au Prêtre. Quand un Prê- » tre est méprisé & que la dignité du Sacerdoce est

____

(1) Providentes non coactè, sed spontaneè secundùm Deum. *1a. Petr. cap. V. v. 2.*

(2) Maledicimur, & benedicimus ; persecutionem pati- mur, & sustinemus ; blasphemamur, & obsecramur. *Paul. 1. ad Cor. cap.* 14.

(3) Quem mala plebs odit. *Cap. nisi de renunt.*

(4) Non militum manu veritas prædicatur ; sed suasione & concilio. *St Athan. hist. ad Monach.*

» méconnue, le Pasteur n'a plus rien à faire ; car il
» n'est prépofé que pour prêcher » (1).

En effet n'est-il pas plus glorieux de defcendre de
l'Epifcopat pour donner la paix à l'Eglife, ou pour
prévenir le fchifme qui la menace, que d'y monter, ou
de s'y maintenir après y être parvenu. C'eft ce que fit
fi glorieufement St. Gregoire de Nazianze, lorfqu'il quitta
l'Evêché de Conftantinople : c'eft ce que fit auffi Maximien Evêque en Afrique. St. Auguftin écrivant à
Caftorius frère de cet Evêque, pour l'engager à lui fuc-
céder, lui difoit que Maximien n'avoit jamais mieux
fait paroître combien il étoit digne d'être Evêque, qu'en
ceffant de l'être. « Succédez donc à votre frère, qui
» ne tombe pas avec ignominie, mais qui cède avec
» gloire : car il n'y a point de vertu plus épifcopale
» que d'aimer fon Eglife jufqu'à fe priver d'elle, pour
» l'amour d'elle. C'eft aimer la grandeur & le fafte
» d'une dignité, & non pas l'utilité qui en revient au
» public ; c'eft s'aimer foi-même & non pas l'Eglife,
» que de n'être pas difpofé à fe dépouiller de la di-
» gnité épifcopale, lorfque l'utilité de l'Eglife le de-
» mande (2). Car nous ne fommes pas Evêques pour

---

(1) Regi corpora commiffa funt, Sacerdoti animæ.....
Ubi Sacerdos contemptus eft dignitafque Sacerdotii con-
culcata, nec quidquam præterea poteft Sacerdos, nam
Sacerdotis tantum eft arguere. *S. Chryfoft. homil.* 4.

(2) Succedas fratri tuo non ignominiosè cadenti, fed
gloriosè cedenti. Minifterium pacificâ charitate depofuit.

Longè eft gloriofiùs epifcopatûs farcinam propter Eccle-
fiæ vitanda pericula depofuiffe, quam propter regenda gu-

» nous, mais pour les autres. Ainsi pour éviter le
» scandale, nous devons être ou cesser d'être ce que
» nous ne sommes que pour eux, quand les circons-
» tances l'exigent. Voilà pourquoi plusieurs saints per-
» sonnages ont renoncé à leur siége par scrupule ; &
» loin d'en être blâmables, ils méritent d'en être
» loués » (1).

» Si le fils de Dieu est descendu du Ciel pour former
» le divin corps de l'Eglise dont nous sommes les mem-
» bres, comment les Evêques ne descendront-ils pas
» de leurs trônes pour ne pas laisser déchirer ses mem-
» bres (2). Un honneur temporel ne doit pas être
» préféré au salut de ceux dont on est chargé. On
» perd la qualité de Pasteur, sitôt qu'on l'acquiert ou

---

bernacula suscepisse. Ille quippe se honorem, si pacis
ratio tueretur, dignè potuisse demonstrat, qui acceptum
non defendit indignè. *D. Aug. epist.* 238.

(1) Neque enim Episcopi propter nos sumus ; sed propter eos, quibus Verbum & Sacramentum dominicum mi-
nistramus ; ac per hoc ut eorum sine scandalo gubernan-
dorum, sese necessitas tulerit ; ita vel esse, vel non esse
debemus quod non propter nos, sed propter alios sumus.
Denique nonnulli sanctâ humilitate prædati viri, propter
quædam in se offendicula quibus piè religiosèque movebant-
tur, episcopatûs officium, non solùm sine culpa, verùm
etiam cum laude posuerunt. *D. Aug. contra Crescon. lib.*
2. *c.* 11.

(2) An ille de Cœlis in humana membra descendit,
ut membra ejus essemus ? Et nos ne ipsa ejus membra
crudeli divisione lanientur de cathedris descendere formida-
mus ? *D. Aug. de gestis cum emerito donat.*

» qu'on la retient avec la perte ou la diſſipation du trou-
» peau » (1).

On ne peut rien ajouter à toutes ces raiſons de St.
Auguſtin, qui prouve ſa thèſe juſqu'à l'évidence. D'après
ces argumens preſſans, la démiſſion eſt donc licite, néceſſaire & glorieuſe dans les circonſtances actuelles.
Ces principes ſont confirmés par l'exemple admirable
des Evêques catholiques d'Afrique, qui aſſemblés au
nombre de 300, réſolurent d'un commun accord de
quitter tous leurs Evêchés, & d'en laiſſer la jouiſſance
aux Evêques Donatiſtes, ſi ce moyen pouvoit ſervir à
les faire rentrer dans l'unité de l'Egliſe (2).

Néanmoins, les Evêques ſupprimés ne s'empreſſent
pas de faire leur démiſſion, tandis qu'ils ſavent que
nous ne voulons plus les reconnoître; tandis qu'ils
penſent que le Pape ſeul peut inſtituer les Evêques, &
qu'il nous refuſera d'autres Paſteurs, tant qu'ils n'auront
pas quitté leurs ſièges. Dans leur ſyſtême nous ferons
donc ſchiſmatiques, par leur ſeule obſtination, quand
nous ne ceſſerions pas d'être catholiques, s'ils
conſentoient à ſe démettre de leur titre. Ce ne

----

(1) Si ſervi utiles ſumus, cur Domini æternis lucris pro
noſtris temporalibus ſublimitatibus invidemus. Si cùm volo
retinere epiſcopatum meum diſpergo gregem Chriſti, quomodo eſt damnum gregis, honor Paſtoris ? *D. Aug. ibid.*

(2) In concilio univerſorum tam-frequenti penè trecen-
torum Epiſcoporum, ſic placuit omnibus, ſic exarcerunt,
ut parati eſſent epiſcopatum pro Chriſti unitate deponere;
& non perdere, ſed Deo tutiùs commendare. *D. Aug.
ibid.*

fera pas notre faute, puifque la conftitution nationale n’eft pas nuifible à la foi. Ils feront feuls coupables de notre fchifme : car nous n’avons caufé ni mérité ce malheur, & il n’aura tenu qu’à eux de nous en pré-ferver.

Qu’ils font mal-adroits d’alléguer, d’après Saint Auguftin, qu’ils font Evêques pour nous & non pour eux ; & que fur ce principe, ils doivent mourir plutôt que de nous abandonner ! Sans doute ils font prévaricateurs toutes les fois qu’ils nous quittent fans néceffité ; mais puifqu’ils font Evêques pour nous feuls, & qu’ils doivent fe facrifier pour notre falut, n’eft-il pas évident qu’ils font par là même obligés de renoncer à leur titre, quand il n’y a plus d’autre moyen, à leur avis, de nous retenir dans la foi ? Quoi donc, ils avouent qu’ils ne font Evêques que pour nous, & leur réfiftance dément encore cet aveu ! Ils déclarent qu’ils font difpofés à fe retirer pour nous conferver la paix, & ils fignalent leur félonie par les manifeftes d’une guerre inteftine ! Ils penfent que la néceffité de notre falut exige qu’ils nous quittent, & c’eft alors qu’ils s’attachent plus étroitement à nous, & qu’ils nous embraffent paternellement pour nous perdre à jamais !

Que devons-nous penfer de leurs mandemens diaboliques, quand nous nous fouvenons que J. C. leur dit : » Ne cherchez point à vous difculper devant vos » juges ; je vous infpirerai ce qu’il faudra répondre : » vous ne parlerez pas d’après vos propres penfées ; » mais l’Efprit-faint exprimera fes oracles par votre

bouche

» bouche (1). Qu'on juge s'ils nous ont fait entendre leur propre langage ou celui de l'Esprit-faint.

Qu'ils foient encore Evêques ou qu'ils ne le foient plus, ils font, dans l'un & l'autre cas, également coupables. En effet, s'ils font encore Evêques, comme ils le prétendent, pourquoi font-ils les premiers à foulever le peuple contre l'autorité légitime, après avoir juré de ne jamais nuire à l'Etat ? Pourquoi fe font-ils furtivement réfugiés dans des pays étrangers, quand d'après nos loix un Evêque ne peut fortir du royaume fans une permiffion du Prince ? Pourquoi d'après ces mêmes loix & les préceptes divins, n'ont-ils pas obfervé la réfidence, & fe font-ils difpenfés de vifiter annuellement leurs diocèfes ? Pourquoi ont-ils conftamment négligé tous leurs devoirs, pour ne s'occuper que de leurs droits ?

S'ils ne font plus Evêques, comme nous avons raifon de le croire, pourquoi s'attachent-ils à leur fiège ? Pourquoi ne ceffent-ils pas d'adminiftrer leur diocèfe, & de publier des lettres paftorales ? Pourquoi écrivent-ils à leurs coopérateurs, « *nous nous regardons toujours* » *comme votre Evêque* (2) ?

---

(1) Cùm autem tradent vos, nolite cogitare quomodo aut quid loquamini: dabitur enim vobis in illa hora quid loquamini : non enim vos eftis qui loquimini, fed fpiritus patris veftri qui loquitur in vobis. *Matth.* cap. 10. v. 19.

(2) C'eft ce qu'annonçoit dernièrement M. Vintimille dans fa lettre au Clergé de fon ci-devant Diocèfe de Carcaffonne, en lui adreffant *l'expofition* des Evêques proteftans, & lui re-

D

Ils n'ignorent pas que nous avons folemnellement juré de maintenir la conftitution : ainfi, vouloir que nous reconnoiffions pour nos pafteurs les Evêques qu'elle fupprime, c'eft nous forcer à devenir parjures. Cette volonté qu'ils ont publiquement manifeftée, eft fans doute un crime, par cela feul qu'elle nous porte au crime : elle ne peut donc émaner de l'Eglife, & par conféquent le confentement du Pape ne doit être ni demandé ni attendu, & fon improbation eft canoniquement impoffible. Si pour refter fidèles à notre ferment, nous fommes obligés de rejetter les Evêques fupprimés ; & fi l'Eglife ne peut refufer l'inftitution canonique à nos nouveaux Pafteurs, fans nous déclarer fchifmatiques, la réfiftance de certains Prélats eft évidemment criminelle, en ce qu'elle nous réduit à la néceffité de choifir entre le parjure & le fchifme.

Ils affirment qu'on n'a pu les fupprimer, & que leur droit au diocèfe ne peut ceffer que par leur démiffion ; donc, par leurs propres principes, leur réfiftance nous porte néceffairement au fchifme ou au parjure ; tandis que leur ceffion nous maintiendroit Catholiques & fidèles à nos fermens. Ils ne doutent pas que leur fyftême d'oppofition tend à nous féparer de l'Eglife ; mais que

---

commandant d'adhérer à cette *expofition*, comme il y adhéroit lui-même. Au moment que fa lettre parut, elle fut dénoncée au Département, qui décida que l'auteur feroit pourfuivi au tribunal du Diftrict, comme rebelle & perturbateur : & auffitôt le Prélat s'évada avec fes coupables affoctes.

leur importe d'ébranler la foi , pourvu qu'ils parviennent à conferver leurs poffeffions , ou à fe venger de la juftice qui les en dépouille. Néanmoins ne craignons rien ; l'Eglife eft trop fainte pour prendre part aux paffions qui les égarent : elle veut nous conferver dans l'unité , & nous voulons lui être fidèles ; ainfi le Pape ne peut nous rendre fchifmatiques , malgré elle & malgré nous.

Ils attendent l'avis du Pape ; mais fur quoi fondent-ils leur confiance en lui ? Pourquoi le regardent-ils comme compétent fur cette affaire ? Où ont-ils trouvé que fon opinion doit être pour eux un motif fuffifant ? Que nous importe fa décifion , quand nous favons que s'il peut nous féparer injuftement du corps de l'Eglife, il ne peut du moins nous empêcher de participer à fon ame , c'eft-à-dire aux mœurs & à la foi ? N'ont-ils pas eux-mêmes dit & prouvé que la primauté de l'Evêque de Rome n'eft qu'une prééminence d'honneur, de charité , de follicitude & non de jurifdiction ? N'ont-ils pas toujours profeffé , comme eccléfiaftiques Français, le IVe. des articles qui fervent de bafe à nos libertés Gallicanes ; par lequel article nous refufons de reconnoître la prétendue infaillibité du Pape. Quand ce Pontife a voulu les affujettir à fa domination difciplinaire, ne s'y font-ils pas efficacement oppofés ; convaincus qu'après le refpect dû à fa fuprême pontificature, ils ne lui devoient que de correfpondre avec lui comme centre de l'unité dogmatique , felon la doctrine des Apôtres , de St. Auguftin , de St. Cyprien, de St. Jerôme & de tant d'autres Docteurs (1).

(1) Providentes non coacté, fed fpontaneè propter Deum...

Après avoir si souvent invoqué l'autorité nationale contre les entreprises de leur chef visible, ne sont-ils pas inconséquens d'invoquer aujourd'hui l'autorité de ce chef contre la nation? Ne cherchent-ils pas plutôt leur intérêt que celui de lavérité, quand au lieu de s'en rapporter au corps épiscopal, juge infaillible & désintéressé, ils ne s'adressent qu'au Pontife Romain, juge trop faillible, & sur-tout très-suspect, comme partie intéressée à blâmer une constitution dont il souffre plus qu'aucun d'eux? C'est pour cela qu'ils ont recours à lui.

Quelles absurdités ne faudroit-il pas admettre, s'il falloit s'en tenir aux prétentions des Papes? Ne se font-ils pas donnés pour les seuls arbitres de la foi? N'ont-ils pas souvent traité les Evêques comme leurs valets? Ne se font-ils pas quelquefois joué des Conciles? N'ont-ils pas érigé l'exécrable tribunal de l'inquisition qui, en étendant leur domination, a perpétué par-tout l'ignorance & l'hypocrisie? Ne les vit- on pas établir des pasteurs indignes, vendre aux Rois le droit de nommer aux prélatures, mettre en commerce les trésors de la miséri-

---

N eque ut dominantes. *Petr.* 1 *cap.* 5.

Sufficit Romanæ Ecclesiæ in qua semper Apostolicæ Cathedræ viguit principatus per *communicatorias litteras* esse conjunctum. *D. Aug. epist.* 43.

Primatus Petro datur, ut una Ecclesia & Cathedra una monstretur. *S. Cypr. lib. de unit. Eccl.*

Licet super omnes Apostolos, ex æquo Ecclesiæ fortitudo solidetur, tamen propterea inter duodecim unus eligitur, ut capite constituto schismatis tolleretur occasio. *S. Hier. lib.* 2 *contra Jovin.*

corde, par des indulgences & des jubilés inconnus à la primitive Eglife, & détrôner tant de Rois, par cela feul qu'ils refufoient de baiffer leur couronne devant la thiare. Dans le dernier fiècle, le Pape ne fut-il pas fur le point de féparer la France du St. fiége par fon obftination à refufer des bulles d'inftitution à 35 Evêques d'un mérite diftingué ? Ce nombre formoit alors le tiers des Evêques de France. La feule raifon qu'il leur oppofoit, étoit qu'ils ne vouloient pas le reconnoître pour infaillible, ni pour Roi des Rois avec puiffance fur le temporel des potentats. De là tant de fchifmes qui ont fait tomber tour-à-tour du tronc de l'Eglife fes plus belles branches. On fait que fi la Grece, l'Occident, la Hollande, l'Angleterre & une grande partie de l'Allemagne fe font féparées de l'Eglife, ce n'a été qu'à caufe de l'ambition, du caprice & de la hauteur des Papes. Que leur manque-t-il à faire, pour mettre le comble à tant de fciffions émanées du centre de l'union ? C'eft de profcrire la conftitution françaife, & dès lors notre fchifme fera confommé par un effet des paffions qui ont caufé tous les autres. Et que nous importe ? Ont-ils le droit de déchirer l'Eglife & de difperfer fes membres ?

Mais que pourroient-ils oppofer à nos nouvelles loix ? Ne font-elles pas déjà approuvées par l'Eglife univerfelle (1), qui, furveillant fans ceffe le dépôt facré, n'au-

---

(1) Ecclefia Dei quæ funt contra fidem vel bonam vitam nec approbat, nec tacet, nec facit. *D. Aug. epift.* 55 *ad Jan.*

roit pas manqué de les censurer, si la religion s'en trouvoit léfée ? Que les Evêques cédent donc aux vœux réunis de l'Eglife & de l'Etat : qu'ils ne difent plus qu'on veut détruire la religion ; quand c'eft de leur part qu'elle a reçu les plus violentes atteintes (1). Et s'il leur refte des fentimens d'honneur, qu'ils rougiffent d'avoir ofé fe déclarer pour un régime infernal, où la nature & la religion n'étoient plus que de vains noms, fans ceffe proftitués, & feulement confervés par la néceffité de pallier les horreurs de l'avarice, de la crapule & du defpotifme. Qu'ils gémiffent même de n'avoir pas publiquement foutenu la conftitution : leur indifférence civile feroit d'autant plus criminelle qu'ils font obligés par état de donner le premier exemple de l'obéiffance aux loix ; à combien plus forte raifon ne font-ils pas coupables, en prenant tous les moyens de révolter le peuple contre l'autorité légitime ? Ils devoient donc aimer, provoquer même la révolution du moment qu'un gouvernement abominable fit réjaillir fon opprobre fur l'époufe de J. C.

Néanmoins loin de réclamer alors au nom de l'époux divin, ils fe réjouiffoient peut-être des abus qui leur facilitoient l'acquifition des honneurs, du pouvoir &

Quocumque modo fiat, ut Ecclefia confentiat tranfacta plane res eft. Neque enim fieri poteft unquam ut Ecclefia fpiritu veritatis inftructa , non repugnet errori. *Boffuet. def. decl. lib.* 3.

(1) Vehementer Ecclefiam Dei deftruit meliores effe laïcos quàm clericos. *S. Hieron. epift. ad Tit. cap* 2.

d'une faftueufe opulence , au préjudice des Pafteurs les plus recommandables par leur fcience & leurs vertus. Aucun d'eux fe plaignit-il jamais du fimoniaque trafic qui les fit promouvoir à l'épifcopat ? Après avoir honteufement gardé le filence fur le brigandage des anciennes nominations , faut-il s'étonner qu'ils fe récrient fur les nouvelles élections ? Le même intérêt qui les portoit alors à fe taire , les détermine aujourd'hui à crier au fcandale , au facrilége.

Mais quoiqu'ils puiffent dire contre les élections du peuple , feront-elles jamais auffi vicieufes que celles d'une cour intriguante & corrompue ? Ne font-elles pas même très-canoniques ; puifque le Ve. Concile d'Orléans décida que , felon la doctrine des anciens Canons , les Evêques devoient être confacrés avec la volonté du Roi , felon le choix du peuple & du Clergé , par le Métropolitain & fes fuffragans (1) ? Le IIIe. Concile de Paris voulut que perfonne ne fût ordonné Evêque malgré les Citoyens , réfervant cette dignité à ceux qui feroient élus par la fuprême volonté du peuple & des Clercs (2).

Le Ve. Concile de Paris enfeigne que quand un fiége

***

(1) Cum voluntate Regis , juxta electionem cleri & plebis ficut in antiquis canonibus tenetur fcriptum à metropolitano vel quem in vice fua præmiferit , cum comprovincialibus Pontifex confecretur. *Concel. Aurel. V. can.* 10 11.

(2) Nullus , civibus invitis , ordinetur Epifcopus , nifi quem populi & clericorum electio pleniffima quæfierit voluntate, *Concil. Parif. III. canon.* 8.

eſt vacant, il faut y placer un Prêtre ordonné Evêque par le Métropolitain & ſes ſuffragans, lequel Prêtre aura été élu par le Métropolitain, par le Clergé, ou par le peuple ſeulement (1).

Sous Clovis II, le Concile de Châlons déclara qu'un Evêque ne devoit être remplacé que par celui qui auroit été élu à la volonté des Evêques de la province, des Citoyens & du Clergé. Toute autre ordination devant être regardée comme nulle (2).

Grégoire de Tours rapporte que St. Grégoire Evêque de Langres, ne fut élu que par le peuple. Ce ſaint Prélat exerça les fonctions épiſcopales en vertu de cette élection, & l'Egliſe l'a canoniſé; donc l'élection du peuple eſt très-canonique (3).

Anciennement, dit l'Abbé Fleury, quand on vouloit inſtaller un Evêque, on avoit tant d'égard au conſentement du peuple; que s'il le refuſoit, jamais on ne le contraignoit, même après que le prêtre propoſé avoit reçu l'ordination (4).

---

(1) Decedente Epiſcopo, in loco ipſius debet ordinari quem metropolitanus à quo ordinandus eſt cum provincialibus ſuis, clerus, vel populus civitatis elegerint. *Conc. Pariſ. V. can. 1.*

(2) Si quis Epiſcopus de quacumque fuerit civitate defunctus, non ab alio niſi à comprovincialibus, civibus & clero alterius habeatur electio. Si aliter hujuſmodi ordinatio irrita habeatur. *Concil. Cabil. can. 10.*

(3) Electus à populo Lingonicæ urbi Epiſcopus ordinatur *Greg. Tur. vitæ patris, cap. 7.*

(4) *Fleury Hiſt. Eccl.*

Ce

(57)

Ce fut d'après cet ufage, qu'un Evêque de Lyon ayant demandé un fucceffeur, Nizier fut unanimement élu par le Roi & le peuple (1).

Que les Evêques ceffent donc de réclamer leur prétendu droit à n'être inftitués que par le Pape fur le préfentation du Roi, qu'ils ne s'arrogent plus le droit de nommer aux cures, qu'ils ne cherchent plus à nous faire illufion par leur feinte & criminelle réfolution de mourir plutôt que de renoncer à leur fiége. Si cet héroïque, mais infenfé dévouement feroit blamâble dans la fuppofition qu'on ne les dépofât que pour fe livrer à l'erreur (2), combien plus ne l'eft-il pas quand c'eft pour confier leurs troupeaux à d'autres miniftres de la même croyance, de la même morale, & dont fans doute le mérite n'aura pas befoin d'être fuppléé par de vains titres. Qu'ont-ils à répondre, quand il eft manifefte que la nouvelle organifation du Clergé, va donner à l'Eglife, finon la fplendeur des premiers fiècles, du moins la guérifon de toutes les plaies dont leur conduite fcandaleufe l'avoit couverte.

Ils avoueront, s'ils font de bonne foi & fi l'intérêt perfonnel ceffe de les aveugler, que leur démiffion eft encore plus un devoir de religion que de politique.

Après s'être fait une coupable habitude de manquer à tous les devoirs, pour ne s'occuper que d'eux-

---

(1) Pleno Regis & populi fuffragio Epifcopus Lugdunenfis electus fuit. *Ibid. cap.* 8.

(2) Cùm autem perfequentur vos in civitate ifta, fugite in aliam. *Matth. cap.* X. v. 13.

E

mêmes, comme Ezechiel l'avoit prédit (1), de que
droit fe plaignent-ils, d'être fpoliés de leurs biens &
de leurs privilèges? Ignorent-ils qu'il n'exifte point de
contrat entre le Souverain & les fonctionnaires publics?
En fuppofant même que leur inftallation fût un contrat tacite par lequel l'état s'obligeroit à les reconnoître
pour chefs fpirituels, & à pourvoir à leur entretien,
à condition qu'ils rempliroient fidélement leurs fonctions, quel tort pouvons-nous avoir en les dépofant?
Ce contrat n'exifte plus entre eux & nous, parce qu'ils
l'ont eux mêmes anéanti. Ce que nous leur devions
n'étoit qu'une fuite & le prix de ce qu'ils nous devoient.
Du moment qu'ils ont méconnu leurs obligations, les
nôtres ont dû néceffairement ceffer. Sitôt qu'un ouvrier
refufe de travailler, ne petd-il pas fon droit au falaire,
& n'eft-on pas fondé à le renvoyer?

Qu'ils ceffent donc de faire des réclamations auffi
indécentes qu'abfurdes. Qu'ils ceffent d'étendre leur droit
divin fur des objets purement temporels ; tandis qu'ils
n'ont pas honte de le violer dans ce qui eft réellement
d'inftitution divine. Pourquoi ne l'alléguent-ils que quand
il s'agit d'un intérêt pécuniaire? A cet égard, ils ne
font pas difficulté d'y ajouter des prétentions qui l'avi-
liffent; mais quant aux devoirs à remplir, eft-il rien
de fi expreffément ordonné par l'évangile, qu'ils n'élu-

---

(1) Pafcebant paftores femetipfos, gregem autem meum
non pafcebant. *Ezech. cap.* 24.

Prælati debent pafcere gregem, non feipfos, vel canes,
vel meretrices. *Rebuf. tract. concord. p. 63.*

dent par des diſtinctions & des commentaires ? N'eſt-
il pas enfin temps qu'ils s'apperçoivent, ſur les preuves
qu'on leur en donne, que nous ne ſommes plus aſſez
ſimples pour regarder toutes leurs paroles comme autant
d'oracles. Nous ſavons que tel droit qu'ils affectent de
regarder comme une chimère, eſt pourtant réellement
divin, & que tel autre qu'ils allèguent comme divin,
n'eſt que chimérique. Nous ſavons que ſi leur ordination & leur miſſion viennent du Ciel, leur titre n'eſt
qu'une inſtitution humaine, qui déſigne un territoire;
& leur bulle, qu'un témoignage de leur apoſtolat. Ils
ſavent bien eux-mêmes que leurs Evêchés ne ſont que
des conceſſions révendicables par l'état qui les a faites,
comme l'avoua Saint Gregoire de Nazianze ·, en
diſant : *Un prince peut abattre une Egliſe , ſupprimer un Diocèſe , confiſquer un bénéfice ; mais il
ne peut ôter une ſeule ligne de l'Evangile* (1) ;
que leurs biens ne ſont que des aumônes à la diſpoſition de la nation , comme faites à ſes dépens, pour
être le patrimoine des pauvres ; ils ſavent enfin que leur
ſalaire ne doit être que le juſte prix de leurs travaux ,
& que les Apôtres vivoient , non de l'autel , mais du
travail de leurs mains (2).

---

(1) *Greg. Naz, oper. tom. 2 edit. Bened.*

(2) Quia (Paulus) ejuſdem erat artis, manebat apud eos
& operabatur (erant autem ſœnoſactoriæ artis). *Act. c. 8.*

Ad ea quæ mihi opus erant , & his qui mecum ſunt ,
miniſtraverunt manus iſtæ. *Act. c. 20.*

Laboramus operantes manibus noſtris. *Paul. ad Cor. c. 4.*

Qu'ils se soumettent donc sans murmure, & qu'ils s'estiment heureux, de ce qu'on n'a pas opposé juridiquement à leur conduite les qualités que l'Apôtre exige pour l'épiscopat. Prélats infidelles, examinez-vous sur cette règle sainte, & décidez vous-mêmes, si vous n'avez pas mérité d'être flétris en justice par une déposition solemnelle & conforme à nos loix.

F I N.